House flipping e inversiones de libertad financiera (actualizado)

2 libros en 1

Administra y revende casas + Los más nuevos y confiables métodos de ingresar dinero (guía para principiantes)

Inversión en bienes raíces: invirtiendo en viviendas

Métodos probados para brillar en el negocio de bienes raíces. Genere ingresos pasivos, incluso sin dinero

Tabla de Contenidos

Introducción 7

Capítulo 1 - Fundamentos del cambio de casa 13
   ¿Qué significa "Cambiar Casas"? 13
   Construya Una Casa Que Cambie La Mentalidad Y Allane El Camino Para El Éxito 17
   Los 8 Pasos Para Cambiar Una Casa 22

Capítulo 2 - Comprensión del mercado 30
   Cómo Investigar Y Analizar Adecuadamente Su Mercado Inmobiliario Local 30
   Siguiendo La Regla Del 70% 36

Capítulo 3 - Sin dinero, no hay problema 45
   Venta Al Por Mayor: Todo Lo Que Necesita Saber Para Empezar 45
   Cómo Obtener Un Préstamo De Dinero En Efectivo 49
   Cambiando Casas Sin Dinero, Usando Inversionistas Privados .. 54

Capítulo 4 - Elección de la propiedad adecuada 59
   Factores Clave Para Elegir El Lugar Adecuado 59
   Características A Buscar Y Características A Evitar En La Propiedad 64
   Reglas De Oro Para Elegir Una Propiedad 70
   Cómo Calcular Su Ganancia Neta 74

Capítulo 5 - Todo se trata del valor 79

Las 4 Mejores Renovaciones Para Aumentar El Valor 79

Atractivo Exterior: Qué Es Y Cómo Hacerlo Bien 86

Pequeñas Actualizaciones Para Una Casa Significativamente Más Deseable 89

Mejoras Ecológicas Que Aumentan Instantáneamente El Valor De La Vivienda 93

Capítulo 6 - Haciéndolo brillar 97

Reuniendo Al Equipo De Ensueño De Rehabilitación 97

Cómo Encontrar El Mejor Contratista Para Su Propiedad 103

Haz Que Brille Mientras Minimizas Los Costos 108

Capítulo 7 - Cómo completar el cambio de casa 113

La Ventaja De Vender Su Propiedad Usted Mismo Vs. A Través De Un Agente De Bienes Raíces 113

5 Mejores Estrategias De Marketing Para Bienes Raíces 117

Capítulo 8 - Mantenerse Inteligente 126

Errores Que Hay Que Evitar A Toda Costa Al Cambiar De Casa 126

4 Estrategias De Salida Para Tener Siempre En Cuenta 134

Conclusión - Las lecciones aprendidas 140

Introducción

¿Ha alardeado su primo Jerry de cómo convirtió un derribo de 50.000 dólares en una casa de 250.000 dólares? ¿Tiene usted un ojo para las propiedades en decadencia en su viaje al trabajo y piensa para sí mismo "Yo podría arreglar eso y venderlo"? ¿Fantasea con convertir viejas chozas abandonadas en casas habitables y hermosas hasta que se convierta en un millonario de bienes raíces como Donald Trump? Tal vez su pasatiempo es analizar propiedades inmobiliarias en Internet y ha acumulado conocimientos sobre el mercado de bienes raíces en su área, lo suficiente como para estar a punto de entrar en el mundo de las casas. Cambiar ¡Cambiar de casa es la mejor manera de comenzar en bienes raíces Es el arte de identificar el potencial futuro, invertir en él y revenderlo para obtener beneficios!

La persona promedio mira una casa en mal estado y piensa: "Esa casa es fea". Un comprador de la casa mira una casa en mal estado y piensa: "¡Esa casa es mi próximo sueldo!". Una persona que cambia de casa no es diferente a un empresario de Wall Street que invierte en acciones: Identifican una acción con potencial futuro, invierten su capital en ella y la retiran cuando el valor aumenta. La diferencia es que el cambio de casa no requiere suerte y un cambio de casa puede aumentar artificialmente el valor de una propiedad en tan solo unas semanas con las reparaciones y renovaciones adecuadas. Este libro lo preparará para la experiencia de un comprador de la casa mostrándole los grandes secretos y el paso a paso para prepararse para su nueva vida como comprador de la casa. El libro te dará la valentía y ese último "empujón" que necesita si está indeciso acerca de dar la vuelta a la casa. Le dará todos los detalles que necesita para tranquilizarlo y prepararlo para su primer lanzamiento. Estamos aquí para dárselo: El conocimiento interno para todos los niveles de inversión, ya sea que esté empezando en bancarrota o sea millonario, hay inversiones para todos los niveles que se pueden obtener. Le explicaremos en qué propiedades está invirtiendo, para que no pierda su tiempo en propiedades de bajo rendimiento sin potencial. El hecho de que las propiedades sean baratas no significa que le vayan a dar ganancias. No se preocupe, le diremos exactamente dónde buscar: qué estados, la clasificación de los vecindarios, los tipos de propiedades que venden, los permisos de construcción, las leyes de zonificación, las regulaciones, los contratistas y finalmente cómo vender sus propiedades. Cubrimos con gran detalle cómo localizar propiedades raras y valiosas, cómo renovar, cómo contratar a contratistas asequibles, cubrir los honorarios legales y, en última instancia, vender su propiedad por el equivalente a un salario anual.

1# secreto para el cambio de casa

Pero antes de empezar... Aquí hay un secreto que nunca le han contado sobre el cambio de casa:

- ¡No tiene que ser millonario!

Así es, no hace falta ser millonario para entrar por la puerta con un cambio de casa. ¡Solo tienes que ser un millonario! Le enseñamos numerosas formas de adquirir capital para su primera propiedad y cómo presentar su inversión como de "bajo riesgo" a los financistas que financiarán su primera inversión. La clave aquí es que hay inversiones para todos los niveles de ingresos: Si tiene millones para gastar, le enseñaremos cómo conseguir propiedades de alto valor en vecindarios de clase A que puede vender por millones. Si tiene acceso inmediato al capital, puede empezar a invertir sin consultar a ninguna institución financiera.

El valor promedio de una vivienda en los Estados Unidos es actualmente de $230,000. Eso significa que es posible encontrar casas o condominios por menos de $230,000 y en muchos casos por menos de $100,000 que aún son habitables. La hipoteca de una casa de $100,000 puede ser tan baja como $400/mes y el pago inicial promedio es de solo un 20%. Digamos que usted no tiene dinero para invertir, pero quiere entrar en la venta de casas. ¿Qué tan fácil sería para usted acumular $20,000 para un pago inicial, arreglar la casa y darle la vuelta para obtener una ganancia en 6 meses? Como ven, la barrera de entrada es mucho más baja de lo que la gente imagina. Si usted tiene un trabajo de 9 a 5 años y ahorra durante un año, existe una alta probabilidad de que pueda pagar un pago inicial. Una vez que haya vendido con éxito su primera propiedad, puede dejar su trabajo y entrar en el negocio de la venta de casas a tiempo completo, para convertirse en su propio jefe.

Consejo profesional: La propiedad que usted "cambia" no tiene que sobresalir, solo tiene que ser habitable. Animamos a los principiantes a que empiecen por cambiar las casas promedio de la clase trabajadora. Vaya a dar una vuelta en coche por su ciudad y observe las casas durante 30 minutos. ¿Qué es lo que notas? Una casa promedio. Una casa promedio. Una casa promedio. Más del 90% del mercado inmobiliario está compuesto por viviendas medias. ¿Por qué enfocarse en esa casa multimillonaria, cuando el mercado de ingresos medios constituye casi todo el mercado? Echa un vistazo a lo que constituye la mayoría de tu ciudad. Siempre van a ser casas normales. ¡Aquí es donde está el dinero! La gente normal necesita un lugar para vivir - su trabajo es proporcionarles un hogar. Piense: La propiedad del veterano jubilado del otro lado de la calle. Coge la casa de tu amigo de la escuela secundaria y dale la vuelta a eso. Una propiedad no tiene que ser rebajada para ser cambiada, puede ser una casa habitable regular que usted actualiza haciendo pequeñas mejoras.

El enfoque en este libro está en las viviendas en las que residirá la persona promedio y nuestro objetivo es identificar múltiples propiedades "invertibles" hasta que comencemos a ver un ROI consecutivo en nuestras inversiones. Si usted se enfoca en la construcción de casas y la convierte en su negocio #1, está casi garantizado que se convertirá en millonario en el transcurso de su vida.

Nos enfocamos en propiedades seguras en áreas de alto crecimiento que se venden rápido. Usted no se hará rico en su primer año, pero inmediatamente ganará suficiente dinero para pagar las cuentas y financiar negocios mucho más grandes. Además, si cambias una casa que es una señal, definitivamente puedes Cambiar otras 10. Una vez que haya cambiado 10 casas, puede Cambiar un vecindario entero. Una vez que usted ha cambiado un vecindario, puede pasar a edificios y propiedades comerciales. Una vez que entras en edificios y propiedades comerciales, ¡el cielo es el límite! Explicamos los métodos de cambio de casa más seguros e idiotas que los principiantes con poco o ningún capital de inversión pueden usar para capitalizar el mercado inmobiliario.

#2 secreto para el cambio de casa

Aquí está el segundo secreto sobre el cambio de casa:

- No es necesario saber "oficios" para arreglar casas!

Si usted piensa que necesita saber de plomería, pintura, alambrado y techado para Cambiar una casa, no podría estar más equivocado. Su trabajo como cambiador de casas es hacer las tareas administrativas: Identificar propiedades con un alto potencial, convencer a los financistas para que aporten el dinero inicial, contratar a contratistas que arreglen la propiedad y, en última instancia, cambien la casa. Usted no necesita saber la primera cosa sobre tejas y/o alfombras persas, usted contrata a gente para que lo haga por usted. En esencia, usted debe ser la persona que "lo une todo". Eres el eslabón perdido entre todos esos contratistas, banqueros y compradores. Su trabajo es garantizar que todos vean un retorno de su inversión, lo que finalmente le proporciona un retorno de su inversión. Su trabajo es persuadir a los inversores, firmar los cheques de los trabajadores manuales y proporcionar a los compradores un espacio habitable adecuado en el que puedan residir. Este libro lo preparará para cada paso del camino.

#3 secreto para el cambio de casa

Aquí está el tercer secreto sobre el cambio de casa:

- ***El mercado en sí aumentará el valor de su propiedad!***

En promedio, la mediana anual del valor de la vivienda en los EE. UU. aumenta en un 3-6%. Ejemplo: Si usted compró una casa por $300,000 en 3 años, valdría entre $330,000 y $360,000. ¡Eso es un aumento de valor de $30,000 a $60,000 sin hacer absolutamente nada! Si te sentaste en ella durante una década, esa misma propiedad valdría por lo menos $400,000. Son 100.000 dólares en el banco, y no olvides que aún eres el dueño. Los compradores de la casa se obsesionan con "arreglar" la casa para solidificar su valor. Tenga en cuenta que las casas habitables siempre aumentarán de valor a medida que la economía suba - uno puede sentarse y no hacer nada y el valor de la propiedad aumentará en tan solo unos pocos años.

¿Cuántas personas conoces que compraron una propiedad por 50.000 dólares en 1980 y que ahora vale 1,5 millones de dólares? El aumento de valor está por las nubes. La única pregunta que queda: ¿Cómo predice qué áreas se van a aburguesar en los próximos 5-10 años? ¿Cómo analiza el tipo de vecindarios en los que vale la pena invertir y que seguirán siendo ricos? En este libro nos centramos en las áreas que se venden inmediatamente y le ayudamos a identificar los mercados más populares en los Estados Unidos. De esta manera su primera propiedad no permanecerá en el mercado por más de una semana - usted tendrá gente llamándole y rogando para darle su dinero.

#4 secreto para el cambio de casa

El cuarto y último secreto del cambio de casa:

- ***¡Usted puede cambiar su primera casa en 3 meses!***

El cambio de casa no es un proceso infinito en el que se espera un año antes de poder vender una casa. ¡Usted puede cambiar una casa en tan solo 12 semanas! Todo lo que tienes que hacer es investigar el mercado, comprar una propiedad, arreglarla y venderla. En el libro explicamos cómo hacer cada paso con gran detalle. Muchos de ustedes tendrán diferentes niveles de conocimiento sobre el cambio de casa. Si no tiene idea de lo que significa, preste especial atención en los primeros capítulos. La rapidez y la eficiencia dependerán de su capital: Si usted tiene capital para invertir inmediatamente, puede invertir una casa en tan solo cuatro semanas. Esto se debe a que usted puede financiar la casa y las reparaciones de inmediato, mientras que alguien sin acceso inmediato al capital tendrá que esperar la aprobación y planificar sus inversiones con meses de anticipación. ¡En ambos casos se aplican los mismos principios y métodos enumerados en este libro!

Cómo navegar por este libro

Presentamos los conceptos básicos para principiantes: si no sabe por dónde comenzar, la terminología, qué mentalidad necesita obtener para tener éxito en el cambio de casa, cómo financiar su primera casa y los vecindarios para invertir, concéntrese en los capítulos introductorios. Si usted tiene un nivel más avanzado de conocimiento y desea aprender más acerca de cómo reducir los costos para los contratistas y las casas que se venden en el mercado actual y cómo financiar ofertas más grandes, vaya directamente a los capítulos avanzados.

Capítulo 1 - Fundamentos del cambio de casa

¿Qué significa "Cambiar Casas"?

Está a punto de convertirse en un cambiador de casas - ¡Felicitaciones! Estás a punto de experimentar el glamur del letrero de "Vendido" en tu primera vuelta de casa, y estás a pocos meses de entregar las llaves de tu primera vuelta a tu primer cliente. Estás en un viaje: Usted está a punto de ver sus inversiones materializarse y un cheque grande y gordo para compensarle por todo su arduo trabajo. La clave de la riqueza inmobiliaria y de tomar las decisiones correctas es ser diligente con los detalles. Esto tiene que ver con la compra de su propiedad, los gastos que usted acumula y la puesta en el mercado de su casa. Le enseñaremos paso a paso cómo minimizar sus gastos iniciales en su primera compra, cómo minimizar sus gastos en las actualizaciones y finalmente hacer que el salario promedio de EE. UU. en cada giro. ¡Esta es nuestra meta final para todos los que lean esto!

Un cambio de casa: La definición

Importante: ¡Cambiar de casa no se trata de tomar casas y ponerlas al revés! Se trata de comprar una casa como inversión, mejorarla y venderla para obtener ganancias. Cambiar En ocasiones, la "inversión de la casa" se conoce como "inversión inmobiliaria al por mayor" y es una estrategia de inversión inmobiliaria en la que compra una propiedad con la intención de revenderla en lugar de establecerse usted mismo.

Usted ha visto a muchos millonarios inmobiliarios bien vestidos y exitosos cambiando casas en la televisión y compartiendo su experiencia con el mundo. Usted quiere emularlos y convertirse en una historia de éxito, o tal vez quiera Cambiar una casa para aumentar sus ingresos actuales. Tres son más de 200,000 casas que se compran, arreglan y revenden en los Estados Unidos cada año. Si solo pudieras arreglar 10 casas al año, serías millonario en tan solo unos pocos años. ¿Suena esto como un incentivo? Hay gente en los EE. UU. que actualmente invierte 5 casas nuevas a la semana y las remodela. El "cambio" más difícil suele ser el primer cambio: Usted no sabe qué esperar, cuánto le cobrarán los contratistas, no sabe cómo funcionan los permisos y no sabe cómo comprar/vender una propiedad. No se preocupe, esta guía tiene los detalles esenciales que necesita para darle la confianza necesaria para cada paso. Preste mucha atención ya que esto podría cambiar su vida.

Cómo funciona el Cambio de casa

Para tener éxito en el cambio de casa, normalmente hay dos maneras en las que los inversores suelen obtener beneficios: 1) A partir de la apreciación en un mercado inmobiliario "caliente" o 2) Inversiones de capital en una propiedad que aumentan su valor. La mayoría de los compradores de la casa eligen la segunda y compran una propiedad promedio y la equipan con servicios de última generación como un piso nuevo, pintura, cocina y baño. Si una propiedad cuesta $100,000 y las mejoras cuestan $40,000, el inversionista puede vender fácilmente esa casa por $200,000. La "estrategia" para invertir es idéntica a otros principios de inversión: comprar bajo y vender alto. El tiempo es esencial en el cambio de casa, ya que los costos aumentan cuanto más tiempo tiene que pagar una persona por el seguro y los impuestos a la propiedad aumentan, por lo tanto, el "cambio" promedio toma 6 meses. Los compradores pueden comprar de 5 a 10 nuevas propiedades cada semana.

¡Pero detente! Antes de que le revelemos los secretos de la venta de casas, antes de que le enseñemos las mentalidades que conducen a una venta exitosa, y antes de que le digamos cómo comprar propiedades por debajo del valor de mercado - debemos enseñarle los conceptos básicos de la venta de casas y lo que implican.

Conceptos básicos del cambio de casa: ARV ("Valor después de la reparación")

Consejo profesional: El término más importante en el cambio de casas es "ARV" - "After Repair Value" (Valor después de la reparación). Si planea vender una casa por $250,000, su ARV para esa casa es de $250,000. Una vez que la casa está remodelada, brillante y lista para ser listada en el mercado - este es el ARV (el precio final de venta en el mercado). Recuerde el término ARV, ya que se refiere al valor final de la vivienda una vez que se hayan realizado las reparaciones. La fórmula ARV es fácil de entender: Valor original de la vivienda + gastos de reparación = ARV (después del valor de reparación).

El cambio de casa gira en torno a los ARV, ya que todos los cálculos provienen del valor de la inversión final que el inversor planea invertir en la propiedad. Recuerde lo que significa el acrónimo ARV, ya que lo escuchará muy a menudo en este libro, y entre la multitud que cambia la casa. El ARV determina las reparaciones y mejoras que usted tendrá que hacer a una propiedad antes de estar preparado para ponerla en el mercado. ¿Cuáles son las reglas de los ARV y cómo calcular los gastos?

Principios básicos para cambiar la casa: La regla del 70% de los ARV

La regla del 70% es la regla de oro más famosa en el salto de casa. Esta regla ayuda a calcular los gastos de una casa incluso antes de que usted haga el pago inicial de una propiedad. La regla del 70% ordena que un comprador no debe pagar más del 70% del ARV total (después del valor de reparación) menos los costos de reparación involucrados. Esto le da libertad de acción a una persona para que obtenga por lo menos un 30% de ganancia en cada venta. En algunos casos el beneficio puede llegar a ser de hasta un 40%, sin embargo, como regla general, los inversores se aferran a un 30% seguro. Recuerde que los ARV no son solo los costos iniciales y las reparaciones, sino el valor final de la propiedad.

La regla del 70%:

➜ **(ARV x 0.70) - Costos de reparación = X (cantidad máxima que usted debe gastar en una propiedad).**

Consejo profesional: Tome su calculadora y calcule el primer cambio que va a hacer. Para los ejemplos a continuación, tomaremos dos casas - una con un valor de $200,000 que requiere $40,000 en reparaciones y otra con un valor de $150,000 que requiere $30,000 en reparaciones.

Ejemplo #1: $200,000 x 0.70 - $40,000 = $100,000.

Ejemplo #2: $150,000 x 0.70 - $30,000 = $75,000

En total, el inversionista NO debe exceder el gasto de $100,000 para la adquisición de la primera propiedad a fin de cerrar una venta de $200,000 al final. Para la segunda casa, el inversionista NO debe gastar más de $75,000 en una casa para venderla por $150,000.

La regla del 70% es importante porque cada casa es diferente y requiere un conjunto diferente de reparaciones. Algunas casas podrían valer $200,000 y requerir solo $20,000 en reparaciones, mientras que otras casas del mismo valor requerirían $50,000 en reparaciones. El ARV es el cálculo más importante que usted tendrá que hacer en el cambio de la casa para determinar su rentabilidad al final. La regla del 70% proporciona un "amortiguador" en caso de gastos inesperados en su primera tirada, lo que aumentaría el coste de las reparaciones y le impediría obtener beneficios.

¿Hiciste tu primer cálculo? Felicidades, estás a un 50% del camino de convertirte en un " remodelador de casas"! Ahora que ya sabe cómo calcular sus gastos por adelantado, entraremos en la mentalidad de éxito que necesita para obtener y cubrir cada paso del proceso de inversión en detalle.

Construya Una Casa Que Cambie La Mentalidad Y Allane El Camino Para El Éxito

El cambio de casa requiere cambios mentales que son conducentes a ser efectivo en el negocio en general. Una persona promedio no puede pensar como una persona promedio - una persona debe pensar con 6 meses de anticipación y tener el conocimiento para calibrar los problemas de construcción una vez que surjan. El desafío de dar la vuelta a la casa es prepararse para la línea de meta antes de empezar y aprender a lidiar con los problemas a medida que surgen, sin perder de vista el panorama general. Los principios clave de la inversión de la casa son los siguientes 5 principios: 1) Preparación, 2) eficiencia, 3) decisión, 4) acción y 5) paciencia. La forma en que esos principios se aplican al día a día de la inversión de casa está en las mentalidades que aprenderás a continuación. Estos principios y cambios de mentalidad son conducentes a un comprador de la casa que desea ejecutar su cambio de la manera más eficiente posible:

Los 5 principios más importantes del cambio de casa

1) Preparación

El cambio de casa promedio demora 6 meses desde la compra hasta la venta. En promedio, usted tendrá que pasar un mes investigando una propiedad, reuniendo documentos, contratando abogados, preparando las finanzas y firmando los cheques. Este proceso puede ser largo, especialmente en las compras al por mayor, como las propiedades embargadas. Una vez que haya comprado la propiedad, tendrá que contratar a contratistas individuales para cada paso del camino. Si las habitaciones necesitan pintura, tendrá que buscar contratistas de pintura. Si necesita cambiar los cables, tendrá que contratar electricistas. Todos ellos ofrecen su precio único y usted debe estimar el costo de cada reparación antes de comprar la propiedad. Una vez que esté completamente preparado, puede hacer la compra y empezar a arreglar la propiedad hasta que esté terminada. El trabajo de preparación es el proceso más importante para asegurar que usted obtenga un beneficio al final.

2) Eficiencia

La forma en que usted ejecute cada proceso determinará el precio final de venta de la propiedad. ¿Contrató a contratistas pobres que estropearon los azulejos en el suelo? Esto puede quitarle la impresión que los clientes tienen de la propiedad y bajar el precio de venta. Como desarrollador de propiedades, usted debe cuidar cada detalle y aplicar diligencia para asegurarse de que las pequeñas reparaciones que haga coincidan con el panorama general de la casa.

Ejemplo: Es más seguro pintar cada habitación de un solo color blanco que pintarla individualmente. En áreas que están fuera de su control, como la contratación de contratistas, debe ser eficiente en la elección de los mejores contratistas posibles.

3) Decisión

¡Cambiar de casa no es como en la televisión! El verdadero día a día de los cambios de casa es desordenado. Muchas veces usted se encontrará con problemas que nunca esperó y que pueden aumentar los costos de sus reparaciones.

Ejemplo: puede descubrir molduras en el techo que requieren que cambie todo el techo. Es posible que se enfrente a una infestación de cucarachas en el baño. A pesar del hecho de que usted llevó a cabo una investigación a fondo en el momento de la compra, usted todavía experimentará obstáculos a lo largo del camino. ¡Prepárese para esto siendo decisivo! No se preocupe por las soluciones complejas, sino que concéntrese en la solución más simple que pueda encontrar. En la mayoría de los casos, las soluciones a los grandes problemas son simples. Si el techo necesita ser reemplazado, asigne un porcentaje más alto de su presupuesto en el techo - esto es más esencial que escoger tejas de fantasía para el baño. ¡Realice la llamada!

4) Tomando Acción

Recuerda: ¡La acción cura el miedo! Tomar acción eliminará la paranoia que tiene acerca de que las cosas vayan mal o de que su inversión se vaya por el desagüe. Una vez que esté realmente en el centro de sus reparaciones, comenzará a disfrutar de ellas y encontrará la diversión de dar la vuelta a la casa. Estás creando valor para la sociedad en muchos niveles: Usted está proporcionando liquidez a la gente a la que le compró la casa en primer lugar. Estás dando trabajo a contratistas que alimentan a sus familias con tus reparaciones. Usted está haciendo un servicio a los futuros propietarios de la propiedad al proporcionarles una casa. ¡Recuérdense eso cada vez que duden de sí mismos y vayan a trabajar!

5) Paciencia

La mayoría de las casas se cambian en un plazo de 6 a 12 meses. ¿Quieres hacerlo en 1 mes? Es posible, pero es probable que tenga que trabajar las 24 horas del día y tener conexiones con contratistas que puedan ayudarle inmediatamente. La mayoría de los contratistas de calidad se reservan con meses de anticipación y usted tendrá que ser paciente en términos de permisos legales que pueden tomar semanas o meses dependiendo del estado/municipio. La paciencia es crucial cuando la propiedad es fija también - puede estar en el mercado por más tiempo de lo que usted espera a menos que esté en un mercado "caliente". Sea paciente porque esto no es algo que logrará de la noche a la mañana. Prepárese para al menos medio año en su primer lanzamiento. Una vez que hayas hecho eso, intenta reducir el tiempo de tu próximo giro a la mitad. Aumente la eficiencia gradualmente.

Los 3 mejores cambios de mentalidad para el cambio de casa

Los principios del cambio de casa se aplican a todas las áreas de éxito: también hay cambios mentales específicos que se aplican solo al cambio de casa. Use los cambios mentales a continuación para asegurarse de que termine con éxito en sus esfuerzos por cambiar de casa:

Cambio mental #1: Enfoque en la velocidad

Limite la cantidad de tiempo que le toma completar todas las transacciones: Comprar, arreglar y vender. El cambio de mentalidad clave que debe hacer para centrarse en la velocidad a corto plazo y tener paciencia a largo plazo. ¿Cómo se alinean los dos? Usted debe tener fe en que no importa cuánto tiempo tome el giro, usted será capaz de lograrlo. Sin embargo, usted debe acelerar su día a día con el fin de acelerar el proceso de recaudación de fondos, la contratación de contratistas, la legalización del edificio y la venta de la propiedad fija. Su único enfoque en su día a día debe ser la velocidad en lugar de maximizar los beneficios. Cada día que su propiedad está en el mercado le costará más y por eso acelerar el proceso es crucial. Si usted puede Cambiar toda la propiedad dentro de 1 mes, ¡hágalo! No hay una "regla" que diga que la propiedad tiene que estar en el mercado durante 6 meses. Siempre reduzca el tiempo a la mitad: ¡Si usted piensa que un cambio va a tomar un año, trate de hacerlo en 6 meses!

RECUERDE: Cuanto más tiempo se aferre a una propiedad, más arriesga sus finanzas. Muchas cosas pueden salir mal con la propiedad si la mantiene durante meses: Puede ser robado, destruido en un huracán, la calidad de las reparaciones se deteriora, etc. También hay costes adicionales que debe tener en cuenta antes de la compra: Los servicios públicos, el pago de la hipoteca, los pagos del seguro, los impuestos sobre la propiedad y mucho más. Ejemplo de costes ocultos: El seguro para el cambio de casa costará 2 veces más que el seguro de casa regular porque usted debe comprar un "seguro de vacante" para la casa.

Cambio de mentalidad #2: Lo barato no siempre es rentable

House flipping

¡No se apresure a comprar una casa! Hay muchas razones por las que una propiedad es barata: puede ser un vecindario vago, sin acceso a la infraestructura, o impuestos atrasados adeudados sobre la propiedad. ¿Recuerda los titulares de las casas que van por $10 o incluso $1 en Detroit? Esas mismas casas pueden tener $10,000 o incluso $20,000 en impuestos atrasados adeudados por los dueños anteriores que no fueron pagados en décadas. El nuevo propietario tendrá que pagar esos impuestos de su bolsillo. Si el vecindario no tiene acceso a buenas escuelas, las familias se mostrarán reacias a comprar su propiedad. Le explicamos cómo cambiar las clasificaciones de los vecindarios e identificamos vecindarios prósperos donde usted puede comprar propiedades a bajo costo.

Cambio mental #3: Sobreestime sus costos iniciales

Las cosas siempre pueden salir mal en un cambio de casa. ¿Cree usted que porque compró en una zona rica su propiedad es segura? Usted podría comprar una casa en un distrito seguro, rico y educado y los contratistas podrían arruinarlo todo. Muchas veces los compradores terminan apenas recuperando su dinero o incluso perdiendo dinero en su primera vez cambiando una casa. Esto se debe a los gastos generales sobre los que no se prepararon por adelantado.

Ejemplo: Digamos que sabes pintar. Necesitas pintar 3 habitaciones en la casa y crees que te llevaría 5 horas pintar cada habitación. Si usted busca contratistas que trabajan por $30/h, eso significaría que le cobrarían $150 por habitación. Sin embargo, muchos de ellos ofertan entre 300 y 500 dólares por habitación. ¿Por qué sucede eso? Puede sobrestimar la rapidez con la que puede pintar cada habitación usted mismo. Los contratistas pueden necesitar más tiempo, o tienen gastos generales, ¡o tal vez incluso son simplemente codiciosos! Siempre espere gastar más de lo que inicialmente calcula o consulta a múltiples contratistas para una oferta hasta que pueda concluir de manera decisiva el costo promedio de cada reparación.

Una vez que haya interiorizado los principios y los cambios de mentalidad mencionados anteriormente, ¡está listo para la guerra de cambiar la casa! ¡Adelante!

Los 8 Pasos Para Cambiar Una Casa

¡Es hora de subirse las mangas y manos a la obra! ¿Emocionado? Pongamos las cosas en marcha. Cambiar la casa no es como en los programas de televisión. Usted no compra una casa por arte de magia, la renueva en un abrir y cerrar de ojos y 50.000 dólares aparecen mágicamente en su cuenta bancaria. Usted debe hacer una investigación de diligencia debida de los vecindarios, financiar la compra, seguir las leyes de zonificación, llevar a cabo renovaciones y, en última instancia, vender la propiedad.

Consejo: Cambiar una casa es "desordenado" en la vida real. Usted nunca venderá una propiedad de la manera que imaginó, y cada propiedad requerirá atención y cuidado individual. Una propiedad puede funcionar sin problemas y rápido, y otra puede convertirse en una pesadilla para renovar. Las siguientes pautas son solo para darle una idea de lo que puede esperar. Además, no hay una manera "definitiva" de dar la vuelta a la casa. ¡Usted mismo debe encontrar su método ideal! Digamos que usted se niega a contratar agentes de bienes raíces y a vender la propiedad usted mismo (para quedarse con su comisión del 5%). ¡No existe una ley escrita que obligue a usar un agente de bienes raíces! También puede negarse a contratar a contratistas y traer a un familiar para que haga las renovaciones usted mismo. Depende de ti descubrir qué es lo que funciona para ti.

Los 6 primeros pasos para Cambiar la casa le ayudarán a entrar en el mundo del cambio de casas. Los pasos que presentamos lo ayudarán a convertirse en un profesional en su primer cambio, evitando los errores que cometen los principiantes. Por ejemplo, muchos principiantes se apresuran a comprar su primera propiedad y no llevan a cabo inspecciones que terminan costando más que sus ganancias. Si usted sigue nuestros pasos, sabrá qué casas comprar y utilizará un inspector que verificará que la casa está en buenas condiciones para las renovaciones. También le enseñamos qué renovaciones debe realizar y cuáles no. Las etapas avanzadas, como el impuesto sobre las ganancias de capital y las leyes de zonificación, se explicarán con más detalle, pero si sigue los 6 pasos, tendrá éxito en su primer giro:

1) Red con expertos en bienes raíces

¿Eres nuevo en el mundo de los cambios de casa? ¡Olvídate de la casa! Olvídate de los bancos y las renovaciones. Empiece por hablar con las personas que viven en su casa en su área. Visite un evento de bienes raíces y establezca contactos con personas que se ganan la vida cambiando casas. Esto será crucial ya que tienen conexiones con todos los contratistas que usted necesitará: electricistas, techadores, plomeros, contratistas generales, pintores, personal de calefacción, ventilación y aire acondicionado, operarios, etc. Eventualmente necesitará la ayuda de algunas de esas personas. En general, se podría buscar "x área + contratista" para encontrar un contratista local, pero si conoces a los compradores de la casa que han utilizado a esos contratistas antes, tu trabajo será mucho más fácil.

Advertencia: Muchas veces un contratista le promete "Lo haremos en 1 semana" y un mes más tarde siguen jugando con la placa de yeso. Necesita ponerse en contacto con contratistas verificados que realicen su trabajo de manera eficiente. La mejor manera de hacer esto es consultar a personas que son como tú, incluso antes de que intente su primer cambio. En la mayoría de los casos, esas personas también tendrán información privilegiada sobre la burocracia y los secretos que solo se descubren después de años en el negocio.

¿Cómo se consigue gente de bienes raíces? ¿No te verán cómo competencia? Te escuchamos, pero la respuesta es simple: paga. Si se pone en contacto con una empresa inmobiliaria establecida (que trabajan en la construcción y contratan a los mismos contratistas), puede ofrecerles pagar $ 1000 para que estén "disponibles" una vez que tenga problemas y necesite acceso a información sobre contratistas Este es un pequeño precio para pagar por el acceso a los mejores contratistas en su área. Les estás haciendo una "oferta que no pueden rechazar" porque saben que tienen que hacer un trabajo mínimo y es más probable que funcione que exigir que sus conexiones sean con las manos vacías.

2) Vecindarios de investigación

En el sector inmobiliario existen "clases" basadas en el nivel de aburguesamiento de un barrio. Solo hay 4 clases: A, B, C y D. Los barrios de clase A son los barrios de "élite" de una ciudad. Las clases A están pobladas por los individuos más acaudalados, las celebridades, los políticos y el escalón superior general de la sociedad. El costo de una casa en un vecindario Clase A dependerá de la ciudad. En ciudades más ricas, el precio promedio de una casa podría ser de $ 1 millón. En ciudades menos ricas, los vecindarios de Clase A pueden tener un precio promedio de $ 500,000.

Los saltos de clase A son los más seguros, ya que las casas siempre están en demanda y tienen el mejor acceso a la infraestructura, las escuelas y la seguridad. Los vecindarios de clase B son vecindarios de "ingresos medios altos": La representación más típica del "sueño americano". Las casas de clase B pueden ser bastante grandes. Los vecindarios de clase C se consideran vecindarios de "clase obrera" y suelen estar poblados por residentes de ingresos medios. Los vecindarios de clase D son vecindarios de bajos ingresos y las propiedades allí cuestan menos.

¿Cuáles son los mejores vecindarios? Depende - los vecindarios más baratos de clase D podrían tener muchas "grandes ofertas", pero las primas de seguro son más altas a medida que aumenta el riesgo de delitos e invasiones de viviendas. Los vecindarios de clase A están mayormente fuera del alcance de los compradores de los principiantes. La mayoría de los compradores principiantes comienzan con los vecindarios de clase C o clase B.

Consejo: Su cambio no se limita a la investigación del vecindario. Técnicamente se puede comprar una propiedad rural aislada y darle la vuelta a esa propiedad. La clasificación del vecindario es simplemente un indicador económico de la prosperidad de un vecindario.

3) Calcular el presupuesto total

¡Es hora de sacar su calculadora! Calcule su presupuesto, cuánto puede pagar por la propiedad y cuánto se destinará a las renovaciones. ¡Esto no es difícil - es de sentido común! Digamos que usted solo tiene $20,000 para reservar para reparaciones, en ese caso debe mantenerse alejado de las casas de $500,000. El cambio ideal para usted sería una casa en el rango de menos de $100,000 <. Si le sobran $200,000 en renovaciones, debería considerar entrar a casas de clase A estimadas en $500,000-1M. Como regla general, estime que el pago inicial de la casa será del 20%. En este caso, hay diferencias claras entre el pago inicial de una casa de $500,000 y el pago inicial de una casa de $50,000. Calcule cuánto puede gastar en las pre-renovaciones de la casa.

Una vez que haya calculado el pago inicial y el costo total de adquisición, debe tener en cuenta los gastos de renovación. El precio de venta nunca debe superar el precio de adquisición, renovación y mantenimiento (servicios públicos, impuestos inmobiliarios, seguros, etc.). Digamos que usted agrega una cocina de $15,000, un baño de $10,000, $5,000 en costos anuales de mantenimiento y otros costos de transporte - agregue los gastos más altos que usted espera y combine eso con el costo de adquisición. Ahora agregue un problema estructural inesperado para mantenerse seguro. No olvide que incluso después de vender, la ganancia bruta promedio en un cambio de moneda en los Estados Unidos es de $60,000. Una vez que se fijan los impuestos sobre las ganancias de capital, es aún menos. Cuanto más bajos sean los costes de renovación, ¡más dinero tendrá en su bolsillo al final del viaje!

4) Financiar la compra

Es hora de sacar aprovechar la compra - usted debe preparar el dinero antes de empezar a visitar casas, hablar con los propietarios de bienes raíces o agentes de bienes raíces. Si usted tiene acceso a capital, puede saltarse esta parte por completo y concentrarse en la adquisición. Sin embargo, si no lo hace, debe asegurar los fondos usted mismo. La buena noticia: No tiene acceso a sumas de 6 cifras, hay muchas soluciones que le proporcionarán el capital que necesita. La mayoría de las personas optan por préstamos bancarios o dependen de préstamos privados. Cubrimos cómo obtener un préstamo bancario o consultar a prestamistas privados que financiarán la compra completa por un recorte al precio final.

Una vez que haya asegurado la financiación, es cuando comienza la diversión. Tenga en cuenta que está pagando intereses desde el primer día. El interés bancario sobre el dinero prestado para una propiedad es deducible de impuestos, y a pesar de los recortes en la Ley de Empleo, el interés no es un recorte del 100%. Una vez que añada el capital, los impuestos sobre las ganancias de capital y las tasas dobles para el seguro de vacantes, ninguno de ellos es deducible.

Este es el momento adecuado para consultar a un contador o a un abogado - esos profesionales estimarán el costo total de todos los gastos legales/tributarios y le permitirán estimar el costo del cambio, las renovaciones y los cargos ocultos. Esto le asegurará que la compra que está haciendo es segura.

5) Investigar la propiedad

¿Aseguró el dinero? ¿Listo para obtener las llaves? ¡Espera, no se apresure a comprar esa casa todavía! Los nuevos compradores de la casa se apresuran y un mes después descubren un problema estructural que consume todo su presupuesto de renovación. Envíales un inspector de casas primero. Un inspector de viviendas es un profesional que puede ser enviado a la localidad para investigar toda la propiedad para cualquier tipo de problema estructural. Ellos le darán un informe detallado sobre el estado de la propiedad, las renovaciones necesarias y los gastos totales para todas las reparaciones necesarias.

Los inspectores de viviendas son imprescindibles para asegurar que la propiedad que está a punto de comprar sea estructuralmente sólida y que los sistemas internos de infraestructura y mecánicos sean funcionales. Una vez que el inspector verifique que no se encontrará con "sorpresas desagradables", puede comenzar a firmar cheques y estrechar la mano.

6) Adquirir la propiedad

¡Las cosas emocionantes! Una vez que haya investigado una propiedad, es el momento de obtener las llaves de la casa. Esta propiedad ahora le pertenecerá a usted y se convierte en su responsabilidad. Hay muchas maneras de comprar una propiedad. La mayoría de los compradores compran directamente a los vendedores para evitar cargos de agente. Para encontrar las mejores "ofertas" usted puede comprar propiedades embargadas donde el dueño no hizo un pago o donde ocurrió un trágico accidente como muerte, divorcio o problemas financieros. No es "inmoral" comprarles a estas personas, ya que usted les está proporcionando liquidez que les ayudará a comenzar una nueva vida. No importa cómo compre la propiedad, tendrá que firmar los papeles legales y hacer que el procedimiento sea notariado. Considere la posibilidad de contratar a un abogado para el proceso, para verificar que no hay "vacíos legales" y que usted es el propietario de la propiedad. Si algo parece sospechoso, no firme. Deje que su abogado le eche un vistazo detallado a cada documento y luego ponga su firma en él.

IMPORTANTE: Usted debe prepararse para las inspecciones que la municipalidad enviará después de comprar una propiedad. La municipalidad local enviará inspectores que consultarán con usted e "investigarán" su propiedad para asegurarse de que sigue los códigos de construcción municipales. Las inspecciones serán rígidas en la mayoría de los vecindarios "principales" que mantienen altos estándares. Virtualmente todas las municipalidades enviarán inspecciones antes de que se le permita vender una propiedad. Si los investigadores detectan que algo anda mal con la propiedad, usted tendrá que gastar más tiempo y dinero arreglándola hasta que cumpla con sus estándares.

7) Renovar la propiedad

Tiene las llaves de la casa. ¿Ahora qué? Debes renovarlo para aumentar su valor. Aquí es donde entra en juego la "equidad del sudor", las cosas que no se muestran en la televisión. Esto es también cuando surgen sorpresas desagradables. ¿Qué pasa si descubres que el baño está infestado de cucarachas por la noche? Nunca podrías adivinarlo, ni siquiera con un inspector. Usted tendrá que contratar contratistas para exterminar la infestación - lo mismo con ratas, hormigas o cualquier roedor en la propiedad. ¿La pintura es mala en una habitación? Tendrás que pintar cada habitación para asegurarte de que no destaque. Usted debe calibrar a las necesidades de cada propiedad individual. Es entonces cuando usted necesitará la ayuda de sus amigos de bienes raíces que pueden ponerlo en contacto con contratistas: electricistas, plomeros, carpinteros, techadores, jardineros, etc. ¡Incluso si usted ejecuta todo a la perfección no hay garantía de que sus contratistas no lo estropearán! Si le dicen que lo harán en 2 días, podrían descubrir que el trabajo es más difícil y que requiere una semana de reparaciones. Espere retrasos e incrementos en los cargos.

Consejo profesional: Para ganar más dinero debe gastar menos en renovaciones. ¿Cómo lo logras? Aprenda a "arreglar" las cosas usted mismo. Si eres hábil con un martillo, si puedes instalar un fregadero de cocina, si sabes cómo techar o colgar paneles de yeso, tienes habilidades que te ahorrarán miles de dólares del bate. Si no puede trabajar con equipos, carece de las habilidades o no quiere ensuciarse las manos, siempre hay profesionales que se desplegarán en su lugar de trabajo y realizarán el trabajo.

8) Vender la propiedad

¡Esta es la parte final - la parte donde usted ve cantidades de 5 o 6 en su cuenta bancaria! ¡Hay maneras de ahorrar dinero en la venta también! Si no conoce ningún oficio, pero le gusta vender, puede vender su propia propiedad directamente. Hay muchas maneras de vender una propiedad en línea que explicaremos más adelante. Si usted recurre a una agencia de bienes raíces, le ofrecerán vender su propiedad por un 5% de comisión y lo más bajo que le ofrecerán es un 4%. Esta es una suma considerable para pagar por su primera propiedad. ¿Por qué regalarlo cuando usted mismo puede vender la propiedad? Le explicaremos cómo entrar en el mercado de "en venta por el propietario" y vender su propiedad en cuestión de semanas.

Capítulo 2 - Comprensión del mercado

Cómo Investigar Y Analizar Adecuadamente Su Mercado Inmobiliario Local

Te tropezaste con muchas cosas en los suburbios de Nueva Jersey: Una casa de 90.000 dólares con acceso a escuelas, hospitales y buena infraestructura. ¿Cómo analizar si el precio de $90,000 es adecuado para esa ubicación, superficie cuadrada y forma estructural? Analizar el área inmediata de su propiedad le ayudará a determinar el precio promedio de una casa. No hagas la llamada todavía: ¡Es hora de buscar propiedades "vendidas" anteriores en el área que le darán propiedades comparables para saber si está obteniendo un buen precio o si está siendo estafado! Estas propiedades se llaman "ventas comparables" en la industria de bienes raíces - propiedades idénticas con idénticos pies cuadrados (que se vendieron en su área recientemente). Los compuestos solo son viables si se han vendido en los últimos 6 meses. Si una propiedad vendida hace un año, no le dice mucho sobre el estado actual del mercado. Esta es la razón por la que la acumulación de datos recientes es esencial para las composiciones, y luego cruzar los datos con un tasador que puede estimar el valor de la vivienda basándose en el nivel de mantenimiento y la integridad estructural.

Para descubrir las ventas comparables para su propiedad, usted debe analizar propiedades dentro de un rango de 1/2 milla de su propiedad que se vendió en los últimos 3-6 meses. Cada propiedad con la que se tropieza y que se vende puede ser clasificada como una "opción". Sin embargo, usted debe buscar propiedades con medidas similares o idénticas para determinar el precio promedio. Hay herramientas que pueden ayudarle a reducir su investigación, como Zillow y Redfin, que proporcionan "estimaciones" del valor medio de la vivienda en cada código postal y pueden estimar vagamente el precio de una vivienda utilizando datos cartográficos. Sin embargo, para obtener datos precisos del mundo real, usted tiene que analizar las propiedades que fueron vendidas como estimaciones y que pueden estar completamente fuera de base.

¿Qué pasa si es imposible descubrir propiedades que se vendieron de metros cuadrados similares? Para sortear una escasez de propiedades "vendidas", debe analizar otras propiedades que sean más grandes o pequeñas que le puedan dar una comparación de valor, y estimar haciendo la matemática de la diferencia.

Ejemplo: Usted tiene su propiedad de $90,000 en Nueva Jersey y la propiedad es de 2000 pies cuadrados. Si usted descubre una propiedad más grande como una de 2500 pies cuadrados que se vendió en el área por el mismo precio, usted podría estar recibiendo un mal trato. Sin embargo, si usted encuentra precios similares para las propiedades vendidas entonces esto es potencialmente un buen negocio. Al final, es importante hacer una referencia cruzada de sus composiciones con un agente inmobiliario y/o tasador local que pueda estimar el valor de una propiedad e indicadores que puedan aumentar o disminuir el valor de la propiedad, tales como la proximidad a servicios, instituciones de atención médica/educativas y la forma general de la propiedad. Los agentes de bienes raíces se ocupan de los mercados locales de bienes raíces, lo que los hace más eficaces para determinar el valor de la vivienda local.

Consejo profesional: Los agentes de bienes raíces pueden ayudarle a estimar el precio de venta de su casa por adelantado. Una vez que haya reunido una lista de composiciones, tendrá acceso a los datos del precio promedio de venta de una vivienda de esa superficie cuadrada en su área. Usted puede entonces consultar a un agente de bienes raíces para que le ayude con los cálculos finales. El agente de bienes raíces lo ayudará a identificar las compilaciones más precisas, analizar la propiedad que está tratando de adquirir y calcular el precio potencial final según la condición de la propiedad.

4 pasos de uso de "Ventas comparables" para determinar el valor de la vivienda

¡Una vez que haya encontrado una propiedad adecuada, es el momento de reunir su lista de "ventas comparables"! No todas las propiedades que se venden en su área son elegibles. Las "ventas comparables" son solo viviendas que se han vendido en los últimos tiempos (3-6 meses) y tienen características similares a las de su vivienda. Antes de poner un pago inicial en una casa, usted debe analizar las composiciones e identificar cuál es la más cercana a su futura propiedad. Debe utilizar herramientas en línea que le permitan buscar propiedades en su área utilizando mapas, o buscar en Google "Neighborhood + sold properties" (Vecindario + propiedades vendidas) para descubrir a los agentes inmobiliarios que vendieron propiedades en su área y averiguar si vendieron una propiedad de superficie similar. Los siguientes 4 pasos le ayudarán a identificar las composiciones para su futura propiedad:

Paso #1) Identifique las propiedades en un radio de 1/2 milla

¡Lugar! Las propiedades tienen que estar en el mismo vecindario o dentro de un radio corto de media milla para calificar como ventas comparables. El valor de la vivienda puede aumentar y disminuir dentro de una sola milla debido a que ciertas áreas están bloqueadas de los caminos principales o tienen dificultades de terreno que les impiden recibir infraestructura que se refleja en el precio del listado. Encuentre una lista de todas las propiedades más cercanas que se vendieron recientemente y calcule el valor promedio basado en la información. No mire los listados de propiedades en venta, sino que concéntrese en las propiedades que ya han sido vendidas. Esto le dará una estimación precisa del precio promedio por pie cuadrado. Si una compensación está demasiado lejos de su propiedad, podría darle una idea equivocada sobre el valor que podría ser mayor o menor.

Paso #2) Identifique características interiores similares

La casa con la que se está comparando debe tener características de calidad e interiores similares. Si una casa tiene un interior muy moderno, ascensores, cocina de alta tecnología, y otras comodidades - esto puede aumentar el valor de la propiedad exponencialmente. Esta es la razón por la que no se deben comparar las propiedades "fijas" con una propiedad agotada. Una composición calificada debe tener características interiores idénticas a la propiedad que está considerando comprar. Si compra una propiedad semi-rebajada, encuentre composiciones semi-reducidas en forma similar. Si compra una propiedad bien mantenida, encuentre otras propiedades bien mantenidas. Cuanto más cerca esté una propiedad de su compra, mayor será la precisión de la valoración del valor.

Paso #3) identifique pies cuadrados similares

La casa debe tener una superficie similar o idéntica para que se considere una compensación. Si usted está comprando una casa de 2000 pies cuadrados no obtendrá mucha información comparada con una casa de 5000 pies cuadrados. Trate de reducir las composiciones basadas en el tamaño de la casa y haga un seguimiento de esta eliminando la diferencia. Digamos que una casa de 2000 pies cuadrados cuesta $100,000 en un área. Si usted ve casas de 4000 pies cuadrados por $200,000-250,000 en esa misma área, usted puede determinar fácilmente el valor promedio de la casa. Los pies cuadrados suelen ser el mayor indicador de valor.

4) Identifique construcciones similares

El tipo de construcción puede afectar el precio de la casa ya que muchos métodos de construcción han cambiado a lo largo de los años. Esto es particularmente cierto en estados como Florida, donde después de las regulaciones de huracanes, muchas casas nuevas son ahora a prueba de huracanes y tienen precios inmobiliarios más altos que las casas antiguas. La estructura también se refleja en los precios de los seguros de vivienda, ya que las viviendas obsoletas requerirán un seguro mucho más alto o serán rechazadas por las aseguradoras directamente. Analice cuándo se construyeron las ventas comparables y la diferencia estructural entre su propiedad y la forma en que esas diferencias se reflejan en el precio final.

Sitios web de bienes raíces para ventas comparables

¿Qué herramientas son las mejores para recopilar datos? Analice las propiedades locales buscando en los sitios web de bienes raíces más grandes que le pueden dar una lista de propiedades "vendidas", estimaciones del valor de la vivienda para cada vecindario y listados actuales. Los siguientes sitios web son las herramientas más fiables para el comprador de casas:

Zillow

Zillow es actualmente el sitio web inmobiliario más grande de los Estados Unidos. Zillow se especializa exclusivamente en el mercado inmobiliario de los Estados Unidos. y puede darle estimaciones de valor detalladas para cada casa en los Estados Unidos. La compañía opera sobre la base de un principio basado en un mapa y una vez que se ha reducido en una ubicación, puede estimar el valor de cada casa por el precio promedio de cotización y precio de venta en el área + indicadores tales como la cantidad de pies cuadrados tomados por los datos del gobierno. La compañía hace que la búsqueda de propiedades en su área sea muy fácil, y puede reducirlas por precio + darle acceso a los registros públicos y a las propiedades recientemente vendidas en cada área. Zillow está realmente entrando en la casa de Cambiar a sí mismos y sus agentes tienen la tarea de vender cada propiedad en menos de 3 meses: Es el sitio web ideal para una persona que cambia de casa porque su base de datos es la más grande.

Trulia

Trulia es una excelente herramienta para los compradores de la casa porque proporciona información que puede afectar al valor de la vivienda, como, por ejemplo, "percepciones locales". Estos conocimientos pueden hacer que usted se dé cuenta de cosas que no se dio cuenta en el lugar mientras estaba mirando una propiedad: Los informes sobre el crimen, las calificaciones de las escuelas, los eventos de la comunidad local y el sitio web incluso tienen foros de discusión. Una persona que cambia una casa puede tener una perspectiva general de su adquisición utilizando el análisis detallado de Trulia de cada propiedad.

Redfin

Redfin es una herramienta inmobiliaria muy popular: Su principal característica destacada es la función de recorrido en 3D que le permite ver las propiedades "dentro de la casa" caminando como si estuviera en el lugar. También tienen tarifas relativamente bajas. Sin embargo, esta herramienta no tiene las extensas características de análisis de Zillow y Trulia.

Realtor.com

Realtor.com solía ser el sitio de listados de bienes raíces más grande y actualmente se mantiene por sí mismo al proporcionar una de las herramientas de tasación de valor más precisas que pueden identificar el valor actual de cada casa en los Estados Unidos. El sitio también tiene herramientas de seguimiento para los inversionistas de bienes raíces que pueden rastrear sus ganancias.

Contratación de un tasador

Una vez que haya reunido sus composiciones, analizado las propiedades utilizando herramientas en línea, consultado con los agentes de bienes raíces - el último paso que debe tomar es contratar a un tasador profesional que pueda caminar en la propiedad y analizar todo para una estimación final. Ellos le pueden dar una perspectiva imparcial en cuanto al valor real de la casa. Si sus composiciones e investigaciones se acercan a las del tasador, ¡puede estar seguro de que está obteniendo un gran precio!

Consejo profesional: Los tasadores proporcionan una visión diferente del valor que los agentes de bienes raíces o las herramientas en línea. Ellos analizan la casa entrando y probando todas las características individuales. Ellos analizarán la ubicación de la propiedad, la disposición estructural/conveniencia, las mejoras requeridas para los baños/cocina, las condiciones de HVAC que podrían requerir reparaciones, y la condición del interior/exterior. Una vez que hayan tenido todas estas cosas en cuenta y realizado sus cálculos, le darán una estimación final. El evaluador junta la pieza final del rompecabezas ya que puede resumir su cálculo y usted puede compararlo con los datos que ha recopilado en línea. Para encontrar un tasador, consulte con un agente de bienes raíces para obtener una referencia o con un tasador local de Google.

Pisar la propiedad

No hay nada que pueda indicar si su propiedad se venderá o no que el hecho de poner un pie en la propiedad: Usted sabrá instantáneamente si se siente "bien" o si la propiedad se siente como un mal negocio en el momento en que usted pise la propiedad. Pregúntate a ti mismo: ¿Vivirías en esta propiedad? Ponte en la piel de un cliente y decide si quieres vivir en esa propiedad y qué mejoras quieres para ti. ¿Se siente seguro en el área? ¿Te gusta la forma de la casa? ¿Qué es lo que te molesta del interior? Si usted hace la propiedad habitable para usted, hay una alta probabilidad de que alguien más la encuentre habitable también.

Siguiendo La Regla Del 70%

Debe elegir entre 2 propiedades: ¿El primero cuesta $100,000 y tiene un mal interior y el segundo cuesta $115,000 pero tiene un interior decente? ¿Cuál debería comprar y Cambiar? ¿Cómo calcula cuánto debe pagar por una propiedad una vez que haya reducido la investigación del vecindario y conozca el valor promedio por pie cuadrado? La respuesta es la regla del 70%! La regla del 70% es la regla general para los compradores de la casa porque deja un 30% de ganancia al final de cada comprador que usted puede usar para cubrir sus cuotas de préstamo y otros costos pequeños/no planeados. Un comprador de la casa no es "segura" porque siempre son propensos a cargos inesperados y la regla del 70% asegura que su inversión está a salvo de fallas estructurales, cargos por reparaciones tardías, cargos por adquisición y más. Los principiantes cometen el error de comprar una casa sin tener en cuenta la regla del 70%, y luego no obtienen beneficios o incluso pierden dinero. Esta es la razón por la que los compradores inteligentes calculan todas sus ganancias y gastos finales antes de comprar una casa.

¿Cómo funciona la regla del 70%?

Para evitar sobrepujas o pérdidas de ganancias, la regla del 70% puede ayudarle a determinar el máximo que debe gastar en cada propiedad. Si una casa va a valer $100,000 al final, probablemente no debería pujar ni la mitad de esa cantidad al principio. La regla del 70% se aplica antes de que los compradores hagan una oferta por una propiedad. Los compradores deben hacer sus cálculos con 3 meses de antelación para determinar el ARV (precio final de venta) y llevarse el 70% de lo que es el máximo que deben gastar en una propiedad sin arreglar. Hay una fórmula simple que un comprador puede utilizar para realizar los cálculos básicos.

Consejo profesional: Recuerde que lo que usted paga al principio es el indicador más grande de cuánto dinero le quedará después del cambio. Si usted paga de más por la propiedad, obtendrá menos ganancias para usted y sus inversionistas. Sin embargo, si puja por debajo del valor máximo del 70% y negocia una propiedad por menos de esa cantidad, es probable que se quede con enormes ganancias al final del cambio. Por lo tanto, su trabajo es estimar cuál es el 70% de ARV para una propiedad en particular, llevárselo y negociar la casa por esa cantidad y/o menos.

¿Cuál es la fórmula del 70%?

House flipping

La regla del 70% es una fórmula para determinar el precio máximo que debe pagar por una casa antes de dar la vuelta. La regla del 70% se aplica a las propiedades en todos los niveles: casas abandonadas, casas normales en áreas de clase trabajadora e incluso casas de alto valor en vecindarios de clase A. El 70% en esencia dicta que un inversionista no debe pagar más del 70% del valor final después de las renovaciones. Esto deja a los inversores con un superávit del 30% que comprende su beneficio final y otros gastos varios que puedan surgir. La regla del 70% funciona según el principio de ARV: después del valor de reparación. Una vez que haya sumado los costos totales de renovación al valor original de la vivienda, tendrá su ARV. Entonces usted resta el 70% de ese ARV y tiene la cantidad máxima que debe pagar por la propiedad. Si aplicamos matemáticas simples, y el ARV de una casa es de $100,000 y necesita $30,000 en reparaciones, esto significa que el inversionista no debe pagar más de $40,000 por esa propiedad. Echaremos un vistazo detallado a las matemáticas a continuación.

La regla del 70% es una regla general, sin embargo, no está escrita en piedra. Usted puede técnicamente Cambiar una casa sin fines de lucro para demostrar que Cambiar casas es posible. Usted podría tratar de inventar su propia regla del 60% y solo pujar al 60% del ARV, que muchas personas probablemente tomarán también (si necesitan desesperadamente líquido).

La fórmula de la regla de oro del 70%

La fórmula de la regla del 70% es la siguiente:

ARV x 70% - Costos de Renovación = Precio Máximo de Oferta

Fórmula alternativa: ARV x 0,70 - Gastos de renovación = Precio máximo de la oferta

La inversión inmobiliaria conlleva costes ocultos que no son visibles, como los costes iniciales de financiación/prestamista, los costes de liquidación, los costes de agente inmobiliario/listado, los costes de financiación y otros costes blandos, como los impuestos sobre la propiedad, los seguros y los impuestos sobre las plusvalías. Una vez que añada los gastos de renovación imprevistos, debe reservar al menos el 30% de los beneficios para contabilizar todos esos gastos de una sola vez. De esta manera, no se sorprenderá cuando su contratista haga una oferta excesiva de $2000 y no pueda encontrar una oferta más pequeña, pero planee gastar solo $500.

Cálculos usando la regla del 70%

Para el propósito de los promedios, tomaremos el valor promedio de una casa en los Estados Unidos: $230,000. ¿Cuánto debe pagar por una casa de $230,000 (si la casa vale $230,000 después de una renovación)? Consideremos todos los costos asociados con la compra de una casa de $230,000.

ARV (valor después de la reparación): $230,000.

Costos de renovación: 50.000 dólares (ejemplo: 20.000 dólares para una cocina, 15.000 dólares para un baño y 15.000 dólares para pintura, mejoras interiores, mejoras en el césped, etc.).

Presupuesto de Reserva para Renovación: $10,000 (retire el 20% de su presupuesto total de renovación como reserva para gastos inesperados y recargos del contratista - ¡puede que no siempre gaste esto, pero para estar seguro!)

Costos de liquidación: $10,000.

Costos financieros (tasas de interés): $5000.

Costes totales: $75,000.

La cantidad total de lo que tendrá que apartar para invertir la casa promedio de $230,000 en los Estados Unidos es de $75,000 para gastos de reparación. En muchos casos esto puede llegar a ser $65,000 o menos si usted contrata a los contratistas adecuados, vende la propiedad usted mismo, gasta menos en renovaciones, negocia mejores tasas de préstamo, etc. La regla del 70% no está escrita en piedra, pero con el propósito de los promedios tomaremos el estimado de $75,000.

Ahora apliquemos la fórmula dorada:

$230,000 x 0.70 - $75,000 = $86,000

Conclusión: De acuerdo con la regla del 70%, un comprador que quiere Cambiar una casa con un valor de $230,000 al final no debe ofertar más de $86,000 - sin embargo, así no es como funciona en la práctica porque no tiene en cuenta sus ganancias estimadas. Digamos que desea obtener una ganancia de $40,000 al final de esta venta. Si usted comenzara con un estimado de $230,000 ARV y le quitara sus gastos de $75,000 y luego le quitara sus ganancias estimadas de $40,000, usted alcanzaría un precio máximo de oferta de $115,000. Usted podría obtener una ganancia de $40,000 si ofrece menos de $115,000, pero es posible obtener más si hace una oferta más baja y gasta menos en renovaciones y costos misceláneos. El beneficio final se basará en la extensión de sus renovaciones, su experiencia negociando y cambiando, el nivel de riesgo y el tiempo que toma el trato.

Advertencia: No sobreestime el ARV. La regla del 70% solo le ayuda a identificar los costos instantáneos, pero nunca reflejará los costos reales de reparación una vez que esté en el terreno porque cada propiedad requiere un tratamiento único. Siempre sea cauteloso y conservador con sus estimaciones de ARV y utilice los números de escenario del peor de los casos para sus costos de renovación. Usted no podrá entrar a una propiedad y estimar las reparaciones si está comprando una casa embargada, y esto es algo que debe considerar cuando esté en busca de buenas ofertas. Tendrá que hacer esos cálculos por adelantado.

¿Es un mercado del comprador, del vendedor o equilibrado? Usted ha visto los millones de personas que ganan en la televisión: los compradores se apoderan de propiedades y las cambian rápidamente. ¿Cómo puede saber si el mercado es un mercado de vendedores/propietarios o si es un mercado de compradores? Hay formas de determinar si el mercado se desplaza más hacia los compradores o vendedores. Por ejemplo, una vez que la economía estadounidense se derrumbó en 2008, el mercado fue considerado un mercado de "compradores". Los precios de las viviendas que solían estar por encima del techo de repente alcanzaron precios abismales y las personas ricas con acceso al capital podrían arrebatarles su parte más baja.

Una vez que el mercado inmobiliario se derrumba, el mercado se convierte en un mercado de compradores y es muy difícil vender una propiedad con fines de lucro. Sin embargo, cuando la economía se fortalece y el dinero fluye por todas partes, esto se convierte en un mercado de vendedores y es más difícil para los compradores pagar las casas. Los precios de la vivienda se solidifican aún más por los inversores extranjeros que intentan establecerse en los EE. UU. e invierten en propiedades. El valor medio de la vivienda en los Estados Unidos es de $231,000, sin embargo, en estados como California es de más de $500,000. Una economía fuerte puede ser negativa para los compradores porque es más difícil encontrar propiedades embargadas a un precio bajo. ¿Cómo determinamos si el mercado es actualmente un mercado de compradores, vendedores o equilibrado?

Los 3 tipos de mercados inmobiliarios

Al final de cada año fiscal, las agencias de estadísticas pueden determinar si el mercado era de comprador, vendedor o equilibrado. Ejemplo: Los rendimientos brutos de los cambios de casa son diferentes cada año. En 2018 el rendimiento bruto medio era del 44% y en 2017 del 50%. ¿Por qué la disminución de la rentabilidad bruta media? La economía se fortalece y menos personas quiebran. Esto significa que hay menos propiedades en el mercado a precios embargados, por lo que los compradores invierten menos porque se hace más difícil encontrar "grandes ofertas". Esto no es ni malo ni bueno, ya que un comprador experimentado puede encontrar excelentes ofertas en todos los mercados posibles. La métrica solo muestra el cambio en el mercado para ayudarle a entender por qué ciertas cosas suceden cuando suceden.

#1) Mercado del vendedor: Si el mercado es un mercado de vendedores (¡un comprador también es un vendedor!), esto significa que hay un excedente en la demanda y una falta de oferta. Para imaginar el mejor ejemplo del mercado de un vendedor, piense en San Francisco, California. Cada apartamento que sale a la venta en San Francisco se vende en cuestión de días y muchas personas entran en guerras de ofertas por la oportunidad de comprar un espacio vital. Esto se debe a que San Francisco es un centro tecnológico con algunos de los salarios medios más altos de los Estados Unidos. A pesar de ello, la ciudad se niega a otorgar permisos de construcción para edificios de gran altura que permitan a los promotores construir viviendas para las personas que se trasladan en la ciudad. Esto significa que el espacio vital se vuelve escaso y los precios de los bienes raíces y alquileres se disparan. San Francisco es un ejemplo extremo del mercado de un vendedor, pero en general si la demanda es alta, entonces eso es un fuerte indicador del mercado de un vendedor.

#2) Mercado del comprador: Un mercado de compradores es cuando el inventario de viviendas supera el de la demanda. ¿Ha pasado por nuevas urbanizaciones suburbanas vacías que aún no están habitadas? En muchos casos esto es un indicador del mercado del comprador, ya que la necesidad de vivienda excede la demanda. Esto significa que los compradores están en una posición superior a la de los vendedores porque tienen mucho de dónde escoger y pueden incluso vender a un precio menor. Es muy difícil obtener ganancias cuando se está en el mercado de un comprador. Eche un vistazo a la ciudad en la que está invirtiendo. ¿Hay muchos nuevos desarrollos vacantes? ¿Los nuevos desarrollos se agotan rápidamente? Si la ciudad está llena de propiedades vacías y tiene un superávit de desarrollos, será más difícil vender una propiedad. En el peor de los casos, una propiedad puede permanecer en el mercado durante todo un año.

#3) Mercado Equilibrado: Un mercado equilibrado significa que el inventario y la demanda se igualan y que para cada nuevo desarrollo hay clientes adecuados. Estados Unidos ha sido un mercado equilibrado durante la mayor parte de su historia y las únicas excepciones fueron las fuertes reducciones/recesiones económicas o microburbujas dentro de ciertas regiones que experimentan un auge económico. La economía de una ciudad puede tener un fuerte impacto en el mercado inmobiliario y en los ejemplos más extremos como Detroit y San Francisco, vemos un colapso total o una inflación excesiva de los precios de la vivienda. En un típico mercado equilibrado, hay un adelanto de 6 meses en el inventario que satisface la demanda.

El mejor mercado para cambiar casas & Mercados más activos

El mejor escenario para un comprador de la casa es el mercado de los vendedores. Cuando hay una gran demanda de vivienda en una ciudad próspera, es mucho más fácil vender una propiedad. Si nadie quiere vivir en una ciudad y la demanda de vivienda es baja, será mucho más difícil vender una propiedad porque vender propiedades es difícil en general. En un mercado equilibrado, es posible hacer una cantidad saludable de dinero cambiando casas.

Los costos laborales se ven afectados por la escasez de trabajadores: Si hay trabajadores menos cualificados para llevar a cabo las tareas, los contratistas necesitarán más dinero. Sin embargo, esto depende del mercado local y algunos mercados se ven menos afectados por la escasez de mano de obra. Investigue su mercado local para conocer los precios de los contratistas y compárelos con el promedio de los Estados Unidos. Algunos mercados tienen costos laborales más bajos. Los gastos que se destinan a las renovaciones serán un factor importante en su balance final.

House flipping

Las ciudades de más rápido crecimiento en los Estados Unidos tendrán la mayor demanda de vivienda. Las áreas urbanas y los suburbios inmediatos de esas ciudades son ideales para el cambio de casa porque casi siempre son mercados de vendedores. ¿Cree que las ciudades de más rápido crecimiento en los Estados Unidos son la ciudad de Nueva York y/o Los Ángeles? ¡Equivocado! Per cápita, las ciudades de más rápido crecimiento suelen ser ciudades medianas con una economía fuerte. Ciudades como Seattle, Austin, Denver, Omaha, Miami y Raleigh encabezan la lista como las ciudades de más rápido crecimiento en la nación. Estas ciudades pueden crecer hasta un 15% cada 5 años. ¿Dónde vivirá toda esa gente? Depende de usted proporcionarles un espacio para vivir. Con un mercado laboral fuerte y salarios crecientes, muchas personas pueden ahora permitirse el pago inicial de una propiedad. Por eso, los mercados inmobiliarios "más activos" son mercados de vendedores o mercados de equilibrio. Depende de ti aprovechar y obtener un beneficio saludable en su primer cambio.

Capítulo 3 - Sin dinero, no hay problema

Venta Al Por Mayor: Todo Lo Que Necesita Saber Para Empezar

Los principiantes piensan que necesitan un ingreso de $120,000 anuales y una licencia de bienes raíces para obtener fondos para sus cambios - ¡están equivocados! Estamos a punto de destilar múltiples formas de adquirir capital sin hacerlo de la manera convencional. El espíritu de cambiar la casa se manifiesta en esta etapa: La emoción de un líquido de investigación, adquisición y recolección para financiar su primera operación. ¿Está listo para hacer sus primeras adquisiciones e investigar casas para comprar? ¿Está listo para convertirse en propietario y obtener las llaves de su primer viaje? Espera, porque estamos a punto de romper las formas más poco convencionales y secretas de obtener financiación.

El primero de estos métodos es la "venta al por mayor". El nombre de "venta al por mayor" hace sonar las campanas si alguna vez entra al centro comercial en Navidad: todas las tiendas están vendiendo mercancías a precios bajos para deshacerse de las existencias fuera de temporada. En el sector inmobiliario, la venta al por mayor se refiere prácticamente a lo mismo: conseguir ofertas en el mercado principal. El principal mercado inmobiliario es el mercado que todos vemos: los anuncios clasificados online, los sitios web inmobiliarios. La venta al por mayor se esfuerza por comprar bienes raíces en el mercado principal - usted puede comprar su primera casa a los mayoristas.

¿Cómo cambiar una casa sin dinero?

Suena como una publicidad que lo engaña - ¡no lo es! La venta al por mayor puede permitirle comprar propiedades fuera del mercado por un valor mucho más bajo que el que se vendería en el mercado principal. La venta al por mayor es de bajo riesgo porque usted se pone en contacto directamente con el dueño de la propiedad para comprar su propiedad con descuento - y una vez que usted la invierte, usted comparte las ganancias. Esto significa que usted nunca toma el título, es decir, que nunca se convierte oficialmente en el "propietario" de la propiedad, sino que obtiene los beneficios al final. Usted no es responsable de la propiedad y hace un spread una vez que la propiedad se vende por una tarifa que usted acuerda por adelantado.

Aspectos positivos / negativos de la venta al por mayor

La venta al por mayor es el método más rápido para financiar y Cambiar una propiedad sin tener mucho capital disponible. Sin embargo, requiere más experiencia y trabajo en red que un cambio de casa convencional.

Positivos de la venta al por mayor:

✓ Casas plegables con poco / sin capital.

✓ Sin pagos iniciales o menos honorarios legales, ya que nunca se apropia de la propiedad.

✓ Más seguro que las formas convencionales de inversión inmobiliaria.

✓ Capacidad para financiar múltiples ofertas a la vez.

✓ El puntaje de crédito es irrelevante.

Desventajas de la venta al por mayor:

✗ Requiere agudeza social, redes y conocimiento sobre todo el proceso.

✗ Debe buscar inversores que financien las ofertas

✘ Debe planificar una estrategia de salida para una propiedad que no es de su propiedad.

✘ Si no financia el acuerdo, ganará menos que el inversor.

Cómo funciona la venta al por mayor

La venta al por mayor es un cambio de casa SIN tomar posesión de la propiedad. Los mayoristas descubren a un vendedor de casas que acepta asociarse con ellos y les permite adquirir la casa a un precio bajo. Esto hace que el mayorista actúe como "intermediario" entre el propietario y el futuro comprador. Esto es ideal para los principiantes porque disminuye el riesgo de que las cosas salgan mal y se queden atrapados en una casa. La venta al por mayor es ideal para principiantes, sin embargo, los nuevos mayoristas deben consultar a abogados de bienes raíces para todas las contingencias de asignación. Depende de usted seleccionar cuánto cobrará en concepto de "comisiones de cesión", que son sus beneficios por actuar como intermediario financiero.

Cómo determinar si la venta al por mayor es para usted

Si usted tiene los conocimientos para buscar inversores que puedan aportar el dinero inicial para las renovaciones y sabe cómo encontrar propietarios que estén de acuerdo con un acuerdo de venta al por mayor, usted es ideal para la venta al por mayor. Este método es perfecto para las personas a las que les gusta trabajar en red y que pueden unir a la gente en un trato. Empieza en LinkedIn para construir conexiones locales con personas involucradas en el cambio de casa, finanzas y bienes raíces. Su trabajo como mayorista es aprender su mercado local, desarrollar conexiones, conocer el costo de las reparaciones y llegar a un acuerdo con los inversionistas.

Esencialmente, ¡usted no necesita dinero para empezar a vender al por mayor! Usted puede hacer contactos con financieros que pondrán el dinero para la compra de la casa y las renovaciones, encontrar a una persona dispuesta a vender su casa con un descuento sin tomar el título, y Cambiar la casa. Tendrá que realizar las mismas reparaciones que si financiara y reparara la casa usted mismo, pero tomará el dinero de otras personas y lo dirigirá para obtener el mayor retorno de la inversión y los beneficios.

Cálculo del beneficio para la venta al por mayor

Para operar como mayorista, usted debe desarrollar una mentalidad mayorista - no puede aplicar los mismos principios que un comprador regular porque muchas propiedades no funcionarán como mayoristas. Como regla general, usted debe tratar de identificar las propiedades que pueden funcionar como ventas al por mayor y se aplica la siguiente fórmula:

ARV * 70% - costo de reparación - su tarifa = Oferta que usted ofrece.

¡Saque su calculadora ahora mismo! Hagamos un ejemplo con una casa promedio de $125,000 que requiere $25,000 en reparaciones para un valor total de reventa de $150,000. ¿Cuál sería su ganancia final y cuánto debería ofrecer al dueño de la casa para obtener esa ganancia?

$150,000 (valor después de la reparación) * 70% - $25,000 (costo de reparación) - $15,000 (su tarifa al por mayor) = $65,000.

Su oferta máxima por esta casa debería ser de 65.000 dólares. Si quiere cerrarlo instantáneamente, debería considerar bajar su tarifa de venta al por mayor a $10,000 para ofrecerle al propietario $70,000 por la casa. En ambos casos, usted es libre de decidir la tarifa de venta al por mayor basándose en cuánto cree que el propietario estaría de acuerdo. Si los dueños de la propiedad están abiertos a la negociación, usted debe establecer una tarifa más alta. Si son tacaños y se niegan a vender, ofrézcales una tarifa al por mayor más baja. La oferta final determinará cuánto puede llevarse a casa: si ofrece menos, obtendrá más beneficios. Si ofrece más, obtendrá menos beneficios. Determine si la ganancia en una venta al por mayor vale la pena todo el esfuerzo que usted pondrá en la propiedad.

Advertencia: Investigue al dueño de la propiedad para determinar si los dueños de la propiedad deben demasiado antes de que usted les ofrezca un trato, porque en muchos casos no le darán un buen trato si están en deuda severa. Los buenos tratos son posibles si ambas partes ven una ganancia, no a expensas de la otra parte.

Una vez que haya identificado una operación, tiene que firmar un "contrato de venta al por mayor" que le dará derecho a arreglar la propiedad y finalmente venderla con fines de lucro - una vez que se haya vendido, el propietario anterior tiene que mudarse. Los abogados de bienes raíces que se especializan en esta práctica legal pueden asegurar que los fondos en custodia y las transacciones se lleven a cabo de una manera eficiente. Los contratos al por mayor son aceptados por profesionales de bienes raíces que se dedican a la venta de propiedades para ganarse la vida - profesionales como usted. Es su trabajo identificar las propiedades elegibles, negociar un acuerdo con el vendedor, renovar la propiedad y venderla con fines de lucro.

Cómo Obtener Un Préstamo De Dinero En Efectivo

¿Cree que necesita pasar meses garantizando al banco que pagará sus préstamos? ¿Le cuesta reunir toda la evidencia que le pide su gerente de préstamos bancarios antes de aprobar su préstamo? ¿Qué pasa con el tiempo? ¿Tiene todos los documentos, pero el banco todavía tarda meses en aprobar sus préstamos? Los préstamos de dinero en efectivo lo ayudan a evitar eso. Su préstamo puede ser aprobado en tan solo 7 días y el tiempo promedio de aprobación es de menos de 10 días. Esto le permite al prestamista analizar la propiedad y determinar si tendrá ganancias antes de aprobar su préstamo. El préstamo "Cambiar y Accionar" es la forma en que se venden miles de propiedades cada mes, y este préstamo permite a los compradores que siempre están a la búsqueda del próximo acuerdo para financiar su próxima propiedad.

House flipping

No espere a terminar su proyecto actual antes de reunir más fondos - usted puede solicitar múltiples préstamos a la vez y arreglar múltiples propiedades. Mientras trabaja en su propiedad actual, podría alinear la siguiente.

Los préstamos de dinero en efectivo son préstamos inmobiliarios para los compradores que requieren un acceso rápido al capital sin consultar a los bancos. Los bancos tienen rígidos procedimientos de aprobación que toman semanas o incluso meses - los préstamos de dinero en efectivo se emiten en cuestión de días, lo que permite efectivamente a los compradores capitalizar las inversiones actuales mientras financian múltiples propiedades a la vez. Los préstamos de dinero en efectivo son para los compradores que quieren invertir en múltiples propiedades y requieren procedimientos de aprobación rápida. Si desea invertir varias propiedades a la vez sin perder meses antes de financiar nuevas propiedades, este tipo de préstamo es para usted.

¿Suena demasiado bueno para ser verdad? Los préstamos de dinero en efectivo tienen tasas de interés más altas, pero atienden a un cierto grupo demográfico del comprador que pueden permitirse pagar tasas de interés más altas porque la velocidad compensa el recargo sobre los intereses. El tiempo es esencial aquí: Cuanto más rápido cambie su propiedad, menos pagará en intereses. Si usted puede Cambiar propiedades rápidamente, obtendrá mayores recompensas. Los préstamos de dinero en efectivo, también conocidos como préstamos "Cambiar y Accionar ", le permiten entrar y salir del mercado rápidamente y asegurar el capital que necesita para renovar y vender una propiedad.

Consejo profesional: Prepare sus documentos de adquisición de propiedad por adelantado, ya que los préstamos " Cambiar y Accionar " requieren documentación detallada para acelerar la aprobación. Esta parte es la que más se aprovecha y una vez que su préstamo es aprobado (usualmente dentro de unos días) usted puede comprar la propiedad y empezar a trabajar.

Ventajas de los préstamos de dinero en efectivo:

✓ Solo se requiere un pago inicial del 10%: puede financiar el 90% del costo de adquisición de la propiedad y el 100% de todas las renovaciones.

✓No hay contratos por adelantado ni costos de aprobación previa.

✓Tiempo promedio de aprobación de 7-10 días (45 días para préstamos bancarios convencionales).

✓Todos los tipos de bienes inmuebles aceptados (casas, condominios, propiedades comerciales, etc.).

✓Se puede aplicar con historial de crédito malo, quiebras pasadas o impuestos atrasados adeudados.

Desventajas de los préstamos de dinero en efectivo:

✗4-5% de interés más alto que los préstamos convencionales. La tasa de interés promedio es de 5-8%.

Préstamos de Dinero en efectivo VS Préstamos Bancarios Convencionales

La principal ventaja de los préstamos en dinero en efectivo es que aprueban los préstamos en función del activo en cuestión, no del prestatario. El banco convencional analizará su empleo personal, finanzas, historial de trabajo, puntaje de crédito y cuenta de su responsabilidad personal. Los prestamistas de dinero en efectivo solo se ocupan de la propiedad: Quieren saber si la propiedad se venderá. Toda la atención se centra en la propiedad. Los préstamos de dinero en efectivo están destinados a los compradores y cubren todas las necesidades de los compradores: gastos de compra, gastos de cierre, gastos legales, gastos de permisos y renovaciones. En el caso de los préstamos en dinero en efectivo, la financiación global se denomina "*asset based underwriting*" (suscripción basada en activos), lo que constituye la principal ventaja frente a los préstamos convencionales. Los préstamos de dinero en efectivo están disponibles para personas con un historial de crédito malo o limitado, ya que el enfoque se pone en los tratos en sí mismos, no en la persona.

¿No sería estupendo que todos los bancos solo se fijaran en sus operaciones y decidieran financiar proyectos basados en los que parezca más rentable en lugar de indagar en su historia personal? Esta es la esencia de los préstamos de dinero en efectivo - mientras que los bancos considerarían riesgoso invertir en el negocio de la venta de casas, los préstamos fijos y móviles prosperan con inversiones volátiles como la venta de propiedades porque financian todo el proyecto y saben que la propiedad está garantizada para obtener beneficios (basados en la investigación de mercado y otras métricas conducentes a la obtención del ARV de la propiedad). Tampoco excluyen a las personas con un historial de mal crédito. Incluso si su puntaje de crédito actual es bueno, un banco se negará rotundamente si usted tenía una bancarrota bajo su cinturón. El préstamo de activos está garantizado por la garantía y los prestamistas no están en peligro, ya que pueden adquirir la propiedad si usted no la invierte y no hace los pagos. Sin embargo, también están abiertos a financiar todos sus esfuerzos y ayudarle a reunir las finanzas que necesita para hacer que la propiedad brille.

Consejo profesional: El tiempo es su principal aliado en los préstamos de dinero en efectivo. Si una propiedad se ve demasiado destartalada y su intuición le dice que va a tomar meses para arreglarla - deshágase de ella. Usted necesita una propiedad sólida que usted puede Cambiar dentro de unas pocas semanas mediante la actualización de los elementos básicos tales como los dormitorios, baños, cocinas y / o pintura. Cuanto más rápido se deshaga de la propiedad, menos pagará en intereses. Esto se acelera aún más si tiene sus documentos en su lugar, ya que su préstamo puede ser aprobado en tan solo una semana.

¿Cómo obtener un préstamo de dinero en efectivo?

Empiece por reunir toda la documentación relacionada con la propiedad. Esto incluye sus finanzas actuales, el valor de la propiedad, investigación, cálculos en términos de reparaciones y sus expectativas de ganancias. Los prestamistas le pedirán documentación y podrían preguntarle sobre su historial personal como inversionista. ¡Responda a las preguntas honestamente! Si nunca ha cambiado una propiedad, dígale que esta es su primera vez cambiando una casa. Preparar la documentación y obtener la aprobación toma la mayor parte del tiempo - asegúrese de estar preparado con anticipación.

¿Cuáles son las tasas de interés?

Las tasas de interés en los préstamos de dinero en efectivo son en promedio un 4% más altas que en los préstamos bancarios regulares - esto es en realidad mucho teniendo en cuenta la velocidad y los bajos estándares personales que imponen para solicitar un préstamo. En esencia, usted está pagando una prima del 4-5% sobre el interés para un acceso más rápido al capital que le permite financiar múltiples propiedades a la vez. Las solicitudes también requieren mucha menos suscripción. La atención se centra en la propiedad en sí: Si usted puede probar que la propiedad será rentable para los prestamistas, ellos le asegurarán un préstamo.

¿Es el proceso mucho más rápido? ¿Por qué pagar un 4% más de interés cuando puede esperar un préstamo bancario? La respuesta es simple: Si quieres velocidad, pagas una prima por el privilegio. Los bancos son instituciones confiables para financiar propiedades, pero los bancos analizarán su historial de crédito y la aprobación promedio para un préstamo bancario es de 45 días (cerca de 2 meses). Si usted puede esperar 2 meses para que un préstamo sea aprobado, usted debe optar por las tasas de interés más bajas de un banco. En esencia, los bancos son mejores para las personas que tienen excelentes calificaciones crediticias y planean vender muy pocas propiedades cada año. Los préstamos de dinero en efectivo son para las personas que quieren cambiar una docena de propiedades cada año y no quieren esperar meses para la aprobación de cada préstamo.

La mayor ventaja de los préstamos "Cambiar y Accionar" es que los prestamistas entienden al comprador. Los prestamistas saben que la esencia del cambio de casa es el activo en sí mismo e invierten basándose en el acuerdo, no en quién es usted y cómo su divorcio anterior lo llevó a la bancarrota. Si usted presenta una gran cantidad, como una propiedad que se puede arreglar y que requiere pocas renovaciones, pero que tiene potencial de venta, está casi garantizado que recibirá un préstamo de dinero en efectivo. Si usted tiene experiencia previa cambiando propiedades, sus préstamos podrían ser aprobados en menos de una semana.

Cambiando Casas Sin Dinero, Usando Inversionistas Privados

¿Tiene miedo de acercarse a los financieros que financian su propiedad? No se preocupe - le enseñaremos cómo localizar prestamistas privados para financiar su propiedad. Los préstamos privados son, en esencia, para llegar a las personas que tienen dinero para financiar su inversión cuando usted no tiene dinero. Un prestamista privado podría ser técnicamente su pariente o su suegro. Sin embargo, en la mayoría de los casos, los prestamistas privados son empresarios establecidos que invierten sus activos en inversiones locales de alto riesgo. Los prestamistas privados son socios individuales que financian la venta de una propiedad - este tipo de préstamo es similar a los préstamos "Cambiar y Accionar" pero usted trata con individuos en persona en lugar de con instituciones financieras.

Los préstamos privados son una forma de obtener capital de individuos que se especializan en prestar al comprador. Los prestamistas que financian propiedades tienden a ser personas ricas y establecidas a las que usted puede llegar y obtener fondos en persona. ¿Qué ganan con eso? Reciben una parte al final de cada tirón, y su parte suele ser mayor que la de los préstamos bancarios. Los prestamistas privados no se preocupan por su puntaje de crédito, pero quieren que usted tenga un historial de cambio de propiedades antes de que le escriban un cheque de 6 dígitos para su cambio más reciente. Para asegurar su inversión, los prestamistas hacen que los compradores firmen un acuerdo de "primera escritura de fideicomiso" (hipoteca) que significa que su dinero está garantizado por un activo duro (la propiedad comprada).

¿Quién califica para un préstamo privado?

Cada individuo que quiera vender una propiedad puede solicitar un préstamo privado a los inversores. No hay finanzas mínimas o puntajes de crédito mínimos requeridos. Sin embargo, para conseguir un inversor, el principal "calificador" para usted sería su experiencia pasada y su historial. Tratar con prestamistas privados solo se recomienda para las personas que han vendido al menos una propiedad, porque muchos de ellos no se comprometen con los principiantes. Quieren saber que su inversión es segura antes de que hagan un pago de seis cifras por su nueva propiedad. Sus posibilidades de tener éxito con los prestamistas privados serán exponencialmente más altas si tiene un historial de inversión de propiedades en el pasado.

Consejo profesional: Comience con un préstamo bancario regular y cambie su primera propiedad usando préstamos bancarios de bajo riesgo. Una vez que haya vendido su primera propiedad, la mayoría de los prestamistas y prestamistas de dinero privado aprobarán sus préstamos. Entonces podrá cambiar múltiples propiedades al mismo tiempo (ya que tiene un "historial" de cambiar propiedades).

¿Qué son los prestamistas privados?

Los prestamistas privados no siempre son personas ricas jubiladas que usted conoce en el Country Club - ahora puede encontrar prestamistas privados en LinkedIn. Los prestamistas privados también pueden ser "grupos de inversión" o "grupos de socios" que financian transacciones de bienes raíces; esto dependerá de las opciones financieras disponibles en su ciudad o estado. En la mayoría de los casos, los prestamistas privados proporcionan financiación directa: Cualquiera que sea la cantidad que usted estime que necesitará para los costos de adquisición y reparación, ellos lo financiarán. Sin embargo, también recogen su parte, que usted tendrá que negociar al principio. La principal ventaja de los prestamistas privados es que muchas veces ni siquiera le piden un pago inicial, sino que solo confían en los compradores con antecedentes.

¿Cómo obtener un préstamo privado?

Aquí es donde la parte divertida entra en juego - ni siquiera necesita un pago inicial con prestamistas privados. Es posible combinar dos fuentes de financiación: Uno que financiará el precio de compra/reparación (pero pide un pago inicial) y otro prestamista que financiará el pago inicial del préstamo original. Es posible obtener financiamiento de dos prestamistas que financiarán su negocio, y al final de la venta distribuir las ganancias equitativamente y en consecuencia a cada inversionista. Lo que tienes es "equidad de sudor": Usted identifica un negocio inmobiliario atractivo y lleva a cabo el proceso de rehabilitación y venta por su cuenta. Los prestamistas utilizan sus recursos para financiar su compra.

Los préstamos privados pueden funcionar de múltiples maneras, sin embargo, los dos más comunes son los siguientes:

1) Dos socios se unen: Uno se encarga de la financiación (suministra la financiación) y el otro descubre un acuerdo, realiza reparaciones y vende la propiedad.

2) Tres socios se unen: Uno maneja el financiamiento, el otro maneja el pago inicial para el financiamiento y el tercero (usted) maneja la propiedad.

Cómo encontrar inversionistas privados calificados

House flipping

Para que las transacciones privadas funcionen sin problemas, deberá identificar si la persona con la que está haciendo negocios está calificada para proporcionar el financiamiento para su inversión. Los siguientes 3 rasgos son los que separan a los buenos inversores de los malos inversores:

1. Acceso a la riqueza/recursos. Un prestamista privado tiene que ser un individuo rico que invierte en muchos compradores como usted, y esta no debería ser su primera inversión. El perfil de los prestamistas privados suele ser el de los propietarios de empresas de mediana edad o de mayor edad.

2. Comunicaciones transparentes. Los prestamistas privados estarán ansiosos por discutir los detalles de la adquisición y todos los costos de construcción/reparación, incluyendo el precio final de venta. Ellos serán transparentes sobre la compra y le dirán exactamente cuánto pueden financiar y cuál es su parte al final.

3. Separación de roles. El inversionista tiene que darse cuenta de la equidad de su sudor y la cantidad de esfuerzo / trabajo que usted pone en la propiedad - de esta manera no hay confusión en cuanto al alcance del trabajo involucrado o cuánto se merece al final de la venta.

Hay muchas formas de obtener prestamistas privados, pero la mejor manera de comenzar es encontrar prestamistas ubicados en su área.

Cómo investigar a los prestamistas en su área

La mejor manera de empezar es trabajando en red: Asistir a eventos y seminarios inmobiliarios y conocer gente en "el negocio". Ellos podrán ponerlo en contacto con los inversionistas y usted podrá conocerlos en persona en estos eventos. Sin embargo, si no tiene tiempo para hacer contactos o no sabe cómo hacerlo, también puede buscar en los registros locales del condado de todas las propiedades que incluirán la tasa de interés cerrada, el interés y los datos de contacto del prestamista. Busque quién prestó en su vecindario en los últimos 3-6 meses, ya que es probable que esos prestamistas estén activos en el mercado.

Una vez que haya acumulado una lista de inversionistas/prestamistas, debe comunicarse directamente con ellos. La mayoría de los prestamistas dejan su correo electrónico, pero usted puede causar una impresión más fuerte llamándolos y ofreciéndoles un trato.

Ejemplo: "Hola, ¿hablo con el prestamista [nombre]? Mi nombre es [su nombre] y veo que ha prestado dinero para este proyecto en la calle 94, Nashville. Mi empresa realiza proyectos de reparación y lo llamo para ver si está interesado en alguna de estas ofertas".

No hay reglas en cuanto a cómo se supone que la conversación debe fluir - se trata de su relación personal con el prestamista. La opción más sabia es hablar de cómo se Cambiaron las casas en el pasado para que el inversionista se sienta cómodo con la forma en que usted hace negocios. Haga todo lo que pueda para establecer una buena relación y hacer que se sientan cómodos discutiendo sus proyectos, el alcance de los negocios que hacen, su ciudad, su familia o incluso los deportes. Cuanto más se sientan cómodos con usted como persona, más dispuestos estarán a financiar sus proyectos.

Capítulo 4 - Elección de la propiedad adecuada

Factores Clave Para Elegir El Lugar Adecuado

¡Lugar! La gente prefiere invertir $250,000 en una casa en un buen vecindario que gastar $150,000 en una casa en un mal vecindario (¡incluso si pueden permitirse ambos!). ¿Alguna vez ha conducido hasta la casa de un amigo y ha pensado: "¿Vaya, esta es una buena zona"? Si los caminos están en buen estado, las casas parecen mantenidas y hay lugares cercanos, se asume que es un vecindario bueno y seguro. ¿Cómo se siente cuando pasa por un vecindario con malas casas, caminos de chabolas llenos de baches, luces de calle sin luz y tiendas de conveniencia a prueba de balas? ¡Inmediatamente quieres salir! Cambiar la casa no se trata de elegir el primer "trato" de $30,000 que se te presente. Ciertos vecindarios siempre tienen valores bajos de propiedad por una razón y son mucho más propensos al crimen. Una vez que llegue a la ubicación de su cambio y obtenga un gusto personal del vecindario, podrá identificar inmediatamente la clase de vecindario que es. Esta es la razón por la que siempre debe investigar las propiedades visitándolas en lugar de confiar en la investigación en línea.

Clases de vecindarios

Hay 4 clases de vecindarios en bienes raíces: Clase A, clase B, clase C y clase D. Similar a un sistema de clasificación escolar, en los vecindarios de bienes raíces la clasificación se basa en el valor de la propiedad, la ubicación y la condición general. Piénsalo de esta manera: Los vecindarios más deseables son los de clase A. Los menos deseables son los vecindarios de clase D, y la clase D incluye propiedades abandonadas.

Los vecindarios Clase A son el tipo de casas en las que toda familia desea vivir: Son la personificación del Sueño Americano. Los vecindarios de clase B y C son más o menos "promedio": Clase B/C son un poco anticuados, muchos de ellos están en mal estado, pero en general son seguros y habitables. Los vecindarios de clase D están llenos de delincuencia, las casas están en mal estado y tienen un valor bajo de propiedad. Evitamos los vecindarios de clase D con el propósito de Cambiar la casa porque incluso una propiedad renovada en esos vecindarios puede permanecer en el mercado por mucho tiempo. Con el propósito de maximizar las ganancias, nos enfocamos en los vecindarios de clase B y clase C donde podemos adquirir propiedades en las zonas bajas y renovarlas.

Consejo profesional: no existe una organización gubernamental que clasifique "oficialmente" los barrios. Debe diferenciar las clases según su propio conocimiento e intuición.

1) Vecindarios de Clase A

Los vecindarios Clase A son nuevos vecindarios ricos y seguros. Entre ellas se encuentran las mansiones de "élite" y las comunidades de alta sociedad, pero también se incluyen desarrollos muy novedosos. ¿Ha pasado por un nuevo y brillante suburbio que tiene propiedades completamente nuevas, acceso a buenas escuelas, patrullas de seguridad, restaurantes y otros servicios de primera clase? Ese es el típico barrio de clase A. Muchos de ellos son nuevos y construidos en los últimos 10 años, por lo que el mantenimiento es muy bajo y el valor de la propiedad por pie cuadrado es el más alto. Típicamente los interiores consisten en amenidades de alta tecnología como encimeras de granito, cortinas "inteligentes", pisos de madera, acabados caros y piscinas. Los vecindarios de clase A hacen buenas inversiones de alquiler, pero no son los mejores para invertir porque muchos de ellos ya están "renovados" y el comprador tendrá que gastar mucho dinero para mejorar esas casas.

2) Vecindarios de Clase B

La clase B es en realidad similar a la clase A - Las casas de clase B tienen las mismas comodidades e infraestructura de alta calidad, pero tienden a ser más viejas. Los vecindarios Clase B son seguros con acceso a buenas escuelas, hospitales y opciones de compras. Los vecindarios Clase B son típicamente poblados por ciudadanos de ingresos medios y tienen muy pocos ciudadanos que luchan y viven de cheque en cheque. La casa típica de un barrio clase B tiene 30 años y está en buen estado. Si se requieren reparaciones, éstas serán típicamente más bajas que las de los vecindarios Clase C y D. En esencia, un vecindario clase B es una versión un poco más antigua y degradada de un vecindario clase A.

3) Vecindarios de Clase C

Los vecindarios Clase C son vecindarios de bajos ingresos donde la infraestructura tiende a ser anticuada, las casas son viejas y están en mal estado y los residentes son típicamente de bajos ingresos. Muchos residentes de los vecindarios de clase C estarán recibiendo subsidios del gobierno y luchando por salir adelante. Los vecindarios Clase C no son tan inseguros como los vecindarios Clase D, pero su seguridad es mucho peor en comparación con los vecindarios Clase A y B de primera clase. Las señales típicas de un vecindario de clase C incluyen mal mantenimiento del césped, seguridad adicional alrededor de las casas, casas de empeño, tiendas de licores, negocios de cheques en efectivo, tiendas de armas, etc. La mayoría de las casas en los vecindarios de clase C tienen por lo menos 30+ años y pueden tener más de 50 años. Necesitarán reparaciones importantes, pero la diferencia de precio entre estas casas y las casas de Clase B puede ser significativa y vale la pena dar la vuelta.

4) Vecindarios de Clase D

Los vecindarios de clase D no existen en todas las ciudades, pero son fáciles de reconocer: edificios abandonados, infraestructura antigua en descomposición, calles sin luz, presencia de pandillas, venta visible de drogas y presencia policial constante. En muchos casos, la policía tiene miedo de entrar en los vecindarios de clase D por sí misma. Incluso la infraestructura pública, como las escuelas, puede ser abandonada con ocupantes ilegales dentro y todas las tiendas de conveniencia que funcionan tienen ventanas a prueba de balas y empleados armados que trabajan detrás de un vidrio de 3 pies. En muchos casos, los vecindarios de clase D deben evitarse incluso si son extraordinariamente baratos. Una vez realizadas las reformas, será más difícil vender o incluso alquilar la propiedad porque se encuentra en una zona peligrosa. A menos que usted se especialice en Cambiar propiedades de clase D y no se sienta amenazado por las áreas, generalmente debe evitar Cambiar propiedades en tales lugares.

Factores que aumentan el valor de la propiedad

Las siguientes cosas deben ser revisadas en su lista para asegurar que la propiedad que cambié tenga un alto valor de reventa:

✓**Parqueos / espacios verdes**. Si la propiedad está ubicada cerca de un parque o un espacio verde como bosques / senderos para caminatas, esto puede aumentar el valor de la propiedad hasta en un 20%.

✓ **Distritos escolares.** Si la propiedad está ubicada en un buen distrito escolar público, esto puede aumentar el valor de la propiedad en un 20%. Los compradores encuestados dicen que pagarían hasta un 20% por una casa en un buen distrito escolar.

✓**Instalaciones médicas.** Si la propiedad está ubicada cerca de hospitales, esto aumentará el valor de la propiedad.

✓**Niveles de mantenimiento.** El nivel de mantenimiento del vecindario, como el estado de la carretera, las aceras, las luces de la calle, la limpieza, los patios mantenidos, etc., pueden aumentar significativamente el valor de la propiedad. En las comunidades HOA, esto lo maneja una sola institución y los residentes solo pagan tarifas mensuales. ✓**Recreación / compras.** Si la propiedad está ubicada cerca de restaurantes, centros comerciales, centros de recreación y otras opciones de entretenimiento, esto aumentará el valor de la propiedad.

✓**Transitable.** Si la casa está ubicada en un área transitable donde los clientes pueden caminar a tiendas de conveniencia, esto aumenta el valor de la propiedad. Si se requiere un automóvil para un viaje a la tienda, esto puede afectar negativamente el valor de la propiedad.

✓**Transporte público (solo para zonas urbanas).** En las zonas urbanas, el acceso al transporte público, como las paradas de autobús y las estaciones de metro, puede aumentar el valor de la propiedad.

Factores que disminuyen el valor de la propiedad

¿Qué son los asesinos de valor "ocultos" que los vendedores no anuncian en los anuncios de los agentes de bienes raíces? ¿Qué pasa si ves un trato épico y estás listo para dar un pago inicial, solo para saber que hay una razón por la que es tan barato? Las siguientes cosas pueden disminuir el valor de la propiedad significativamente:

✗**Aeropuerto.** Si la propiedad está situada al lado de un aeropuerto, tendrá ruido constante de aviones despegando y aterrizando. Los aviones son máquinas de ruido y los vuelos suelen aterrizar 24 horas al día, 7 días a la semana, lo que hace imposible el descanso.

✗**Estación de tren / estación de metro.** Los trenes producen un ruido chirriante y si una propiedad se encuentra cerca de una estación de tren o de metro, los propietarios podrán escuchar los trenes que pasan durante todo el día.

✗**Departamento de bomberos / PD.** Si la propiedad se encuentra cerca de un departamento de bomberos o de una estación de policía, ellos serán testigos de la actividad y patrullarán los autos haciendo ruido las 24 horas del día - esto disminuye el valor de una propiedad.

✗**Carreteras cercanas.** Si la propiedad está ubicada al lado de una carretera principal, los autos que pasan producirán ruido las 24 horas del día, los 7 días de la semana, lo que disminuye la calidad de vida de los residentes. Muchos gobiernos locales colocan barreras contra el ruido en las carreteras, pero eso no suele bloquear todo el ruido.

✘Establecimientos de vida nocturna. Si la propiedad está ubicada cerca de establecimientos de vida nocturna como clubes/bares, esto puede afectar la calidad de vida de los residentes y reducir el valor de la propiedad.

La contaminación acústica es el asesino número uno de los precios de las propiedades porque disminuye la calidad de vida de las personas que viven en casas cercanas a establecimientos ruidosos.

¡Tome Acción - Visite la Propiedad!

Cuando usted investiga su vecindario, los datos en línea no lo cortan - usted debe visitar la propiedad usted mismo. ¡No se limite a conducir hasta la propiedad con prisa! Da una vuelta por la calle y analiza las calles cercanas. ¿Se siente seguro el vecindario, hay gente caminando, hay niños jugando libremente, las luces de la calle funcionan, el césped está cortado, las casas están en buen estado, hay escuelas y servicios locales? Estas son todas las cosas que usted descubrirá en menos de una hora de observar un vecindario. Le dará la última tranquilidad que necesita antes de hacer un pago inicial de la casa.

Características A Buscar Y Características A Evitar En La Propiedad

¿Cuál es la diferencia entre comprar una propiedad barata y renovarla frente a comprar una propiedad de precio normal y renovarla? ¿Está cayendo en la tentación de comprar la primera casa de 30.000 dólares que ve en su ciudad? El precio no puede compensar las cosas que no se pueden arreglar - es importante analizar primero las características. Así es como la mayoría de los principiantes se equivocan:

House flipping

Expectativa: Usted comprará una casa de $30,000 y gastará $50,000 en renovarla y concluirá su primer giro. Ahora eres una persona muy rentable.

Realidad: Las reparaciones tardan demasiado, no se puede hacer nada sin un permiso, se espera a las reuniones de los inspectores, las reparaciones se retrasan y tardan una eternidad. ¡Pierde dinero!

¿Cómo identificar propiedades que toman pequeñas correcciones cosméticas que se pueden renovar en un mes, sin tener que esperar a las inspecciones, permisos y lidiar con otros obstáculos legales? Estas son cosas que debe tener en cuenta antes de comprar una propiedad. En general, quieres evitar proyectos que parecen demasiado "difíciles" para añadir o cambiar algo. Usted desea concentrarse en actualizaciones cosméticas simples. Si la propiedad está demasiado deteriorada, será imposible de arreglar a menos que usted pase meses en ella. Si la propiedad está en buen estado, usted puede salirse con la suya con tan solo unas pocas mejoras cosméticas como la pintura. Si la propiedad está en buen estado y tiene buenas características, le resultará fácil de arreglar y vender en el mercado. Si la propiedad es difícil de arreglar, será imposible de arreglar, perderá tiempo con los permisos y se quedará más tiempo en el mercado.

Consejo profesional: La regla de oro de la identificación de propiedades es encontrar propiedades "fáciles de fijar". Si una propiedad parece fácil de arreglar, usted debe arrebatársela al instante. Si la propiedad está demasiado lejos, busque mejores propiedades.

Factores que venden una propiedad

Las siguientes son las características más buscadas en una propiedad. Antes de poner un pago inicial en una casa, usted debe encontrar una que marque todas las casillas o que se acerque al ideal:

✓**Grandes dormitorios**. Las casas más vendidas son casas de 3 dormitorios. Es una típica casa americana. Busque una casa con un dormitorio principal grande que pueda albergar una cama king size y que tenga espacio para caminar alrededor de ella. Las habitaciones secundarias deben ser lo suficientemente grandes para acomodar una cama matrimonial o dos camas pequeñas. Lo primero que la gente busca es el número de dormitorios - cuantos más dormitorios tenga, mejor. Encuentre casas que tengan dormitorios principales espaciosos.

✓ **Baños múltiples.** Como regla general, la casa debe tener por lo menos 1 baño por cada piso. Si tiene una casa de dos pisos y solo hay un dormitorio, siga adelante. Lo mismo ocurre con los cuartos de baño, cada piso debe tener un baño completo. Esto es valioso para las familias que tienen varios miembros. Si una casa tiene más baños, el propietario podrá organizar fiestas y cuando su casa esté "llena" necesitará varios baños. ¿Te preguntas por qué las mansiones grandes tienen 10-15 baños? Necesitan el espacio para fiestas donde 200-300 personas se reúnen en la mansión a la vez.

✓ **Diseño navegable.** Si usted entra en la casa y tiene un baño frente a usted, no tendrá una buena impresión de un hogar. La casa tiene que sentirse "abierta" y fácil de navegar sin espacios estrechos. Un mal diseño puede ser arreglado si usted contrata a contratistas para que derriben las paredes, pero la propiedad ideal es aquella que no necesita que se derriben las paredes. Los diseños populares incluyen diseños de "cocina abierta" que tienen un *minibar* conectado a la sala de estar. Esto hace que sea fácil de entretener.

✓ **Espacio de garaje.** Ni que decir tiene que una casa debe tener al menos un garaje para 1 coche para aparcar el coche - a la gente no le gusta aparcar delante de su casa a menos que tengan que hacerlo. El garaje ideal es un garaje para dos autos. A menos que vaya a una propiedad de lujo, no hay necesidad de actualizar el garaje por más de 2 espacios.

Factores que retrasan la venta de una propiedad

House flipping

Muchas cosas pueden salir mal con su propiedad: Usted tiene que hacer renovaciones extensivas que pueden consumir mucho tiempo y ser costosas. Esto perjudicará su presupuesto y prolongará el tiempo que necesita hasta que se lleve a cabo una renovación completa. El consejo local puede requerir permisos para algunas renovaciones que usted tiene que hacer - esto significará que los inspectores lleguen a su propiedad, revisen sus renovaciones, expidan permisos que pueden tardar una eternidad y luego demoren las reparaciones. Esto perjudicará su balance final y le costará una fortuna. ¿Cómo evitar eso? Busque las siguientes señales que dificultan las renovaciones y la venta de casas:

✘**Problemas estructurales**. ¿El techo de la casa es inestable y necesitará ser reemplazado? ¿Hay agujeros en los cimientos de la casa? ¿Los pisos son irregulares? ¿Hay grietas por todas partes? Todo esto requerirá mucho tiempo y contratistas experimentados para arreglarlo. Si la casa tiene problemas estructurales - deshágase de ella.

✘**Diseños obsoletos**. Muchas de las casas que fueron construidas para las generaciones más antiguas son indeseables para las actuales. **Ejemplo**: Los techos bajos son indeseables y los techos altos de más de 9 pies son ahora deseables. ¡Las cocinas estrechas no son aceptadas! El americano moderno quiere una cocina amplia donde puedan moverse libremente y cocinar su cena. Cualquier espacio cerrado, paredes bajas y techos serán difíciles de vender.

✘ **Relaciones desiguales cama/baño**. Si la casa tiene 4 dormitorios, pero solo 1 baño, esto significa que la casa no fue diseñada cuidadosamente. Busque casas que tengan por lo menos 1 baño por cada 2 dormitorios. Si usted compra una casa de 4 dormitorios, debe tener por lo menos 2 baños o 1.5 baños si se compromete. La relación dormitorio-baño debe ser uniforme y no sesgada a favor de los dormitorios.

✗ **Habitaciones inaccesibles**. Las casas con malos diseños se cerrarán, es decir, no podrá ingresar a una habitación sin ingresar a otra. La casa ideal tiene habitaciones "abiertas" a las que se puede acceder desde los vestíbulos principales. **Ejemplo**: El baño principal solo es accesible a través del dormitorio principal. Esto significa que todos los que quieran ir al baño tendrán que entrar al dormitorio primero. Este es un mal diseño.

Reparaciones "fáciles" que aumentan el valor de la propiedad

¿Desea realizar actualizaciones con las que no pueda equivocarse? Hay mejoras para todos los niveles - un nuevo baño podría costar $10,000. Un cambio en el sistema de iluminación solo puede costar $1000. Todas las reparaciones dependen de lo que intentes arreglar. En general, usted quiere centrarse en reparaciones cosméticas para aumentar el valor de la propiedad. Si su enfoque es en reparaciones estructurales, usted gastará más de la cuenta y todo su presupuesto se destinará a solucionar problemas que no existen en propiedades normales. Las siguientes reparaciones pueden cosechar recompensas financieras masivas:

✓**Trabajos de pintura**. La solución para cada propiedad es un nuevo trabajo de pintura. Algunos trabajos de pintura serán fáciles, pero otros pueden resultar costosos dependiendo del estado de las paredes. Empiece pintando las paredes en colores neutros como el blanco o el gris. La pintura cubrirá cualquier mancha o parcheo en las paredes. Esta es la actualización más fácil para cada propiedad que puede aumentar el valor de la propiedad. La pintura exterior dependerá de lo que sea adecuado para la propiedad y el vecindario: Los colores neutros son un punto de partida para exteriores.

✓**Nuevos pisos y alfombras**. Cada piso de la casa puede ser reemplazado por un nuevo y moderno piso de madera. Esto puede ser una actualización costosa, pero puede hacer una diferencia significativa en la impresión que la gente tiene de una propiedad. Las alfombras nuevas también pueden añadir una sensación de "Premium" a la propiedad, y muchas de ellas son asequibles. Las alfombras deben ser de color neutro, ya que las alfombras muy claras (por ejemplo, las alfombras blancas) atraen la suciedad y la hacen visible.

✓**Accesorios de luces y ventiladores de techo.** Los ventiladores de techo son muy deseables y aumentan el valor de una propiedad - casi el 90% de las personas quieren un ventilador de techo en su casa. Las luminarias pueden ser actualizadas a modernas luminarias LED que operan con control "inteligente" y pueden establecer la vibración del ambiente para la relajación. Las actualizaciones sencillas de la luz pueden hacer que el hogar se sienta moderno y elegante.

✓ **Actualizaciones interiores.** El interior puede cambiar la percepción que una persona tiene de una casa. Las mejoras interiores, como los muebles modernos, pueden traer un hogar anticuado al siglo XXI. Interiores populares incluyen sofás minimalistas, mesas de cristal/madera, pantallas de plasma y muchos interiores vienen en un "paquete" que le ayuda a renovar la propiedad a la vez eligiendo el más adecuado.

✓**Actualización de infraestructura.** La infraestructura de la casa, como las instalaciones de fontanería que son visibles, se puede actualizar a otras más nuevas a un bajo costo. Los nuevos accesorios de plomería tienen acabados modernos que se ven muy bien y agregan una sensación de "hogar limpio".

✓**Actualizaciones del paisaje** El exterior de la casa puede mejorar el "atractivo de la acera" (la primera impresión que la gente se lleva al pasar por la casa). Esto incluye la reparación de un césped desigual o más verde, la adición de macetas, el lavado eléctrico de toda la casa, la mejora de la puerta de entrada, etc. El ajardinar mejorará el atractivo de una casa para los cuadros, haciéndola más lujosa y de mejor calidad.

✔**Mejoras de baño y cocina**. Estas son las mejoras más caras, ya que estas dos requieren un tratamiento especial en comparación con las salas de estar y los dormitorios. La mayoría de los clientes esperan electrodomésticos de cocina de acero inoxidable: frigoríficos, estufas, microondas, licuadoras, etc. Las actualizaciones simples como las "neveras inteligentes" pueden costar miles de dólares. Los ascensos de clase que elija deben establecerse en función de su presupuesto.

✔**Mejora de ventanas**. Si las ventanas están anticuadas, reemplazarlas con ventanas nuevas puede mejorar la estética de la casa. Las ventanas nuevas también pueden aumentar la eficiencia energética de la casa, preservando el calor en el invierno y manteniendo la casa fresca en el verano.

Reglas De Oro Para Elegir Una Propiedad

Usted tiene $150,000 para invertir y su ciudad tiene cientos de casas para comprar. Incluso después de reducir su búsqueda a menos de $75.000 < propiedades que todavía puede elegir muchos. ¿Cómo elegir cuál es el correcto? ¿Cómo sabes qué casa se "Cambiará" de entre cientos de casas? ¡La clave para la selección es hacer sus cálculos por adelantado! Hay que tener en cuenta muchas cosas: vecindario, integridad estructural, precio de venta, costos de renovación, etc., ¡y hay que hacerlo todo de una vez! Muchas compradoras principiantes apenas consiguen beneficios o incluso pierden dinero en su primera compra, porque ignoran los cálculos previos necesarios para tener éxito en la compra de la casa. ¿Por qué pasaría semanas o meses trabajando con una propiedad solo para quedarse con una minúscula propiedad? Es posible estimar los márgenes de ganancia mucho antes de comprar una propiedad (a menos que esté comprando una casa embargada que no pueda ver).

Regla de Oro #1: La ubicación es el 50% de la inversión

House flipping

En cada cambio de casa, la ubicación es el 50% del valor y la casa es el 50% del valor. La ubicación importa tanto como la casa en sí. Una propiedad puede estar en las peores condiciones: Atropellado, anticuado, inhabitable. Sin embargo, si la propiedad está ubicada en un área deseable (cerca de escuelas, restaurantes, centros comerciales y/o paisajes) alguien se la arrebatará basándose en ese hecho. La ubicación es la parte más vital de la investigación que tienes que hacer. Afortunadamente en estos tiempos podemos analizar casas en Google Street View sin tener que poner un pie en la propiedad real. La tecnología de mapeo y las herramientas en línea nos permiten reducir la lista de propiedades antes de visitarlas en persona.

Hay dos cosas que determinan una buena ubicación: Paisaje e infraestructura. Si la casa está situada cerca de una gran masa de agua, esto puede aumentar drásticamente el precio de la propiedad. Ejemplo: Una casa con vistas al mar en Malibú podría venderse por 8 millones de dólares y una casa con vistas a la carretera en el mismo vecindario podría venderse por 4 millones de dólares. Esto es a mitad de precio, solo porque uno proporciona una vista directa del océano. Cuanto más cerca esté la casa de los océanos, lagos y ríos, mayor será el valor de la propiedad. La gente prefiere casas bien iluminadas con vistas y acceso a la luz natural.

Si la casa tiene vistas a las montañas, las ciudades o el agua, tendrá precios más altos. Sin embargo, la mayoría de las casas están ubicadas en suburbios antiguos. En este caso, lo único que determina el valor de la vivienda es la infraestructura: Estado de las carreteras, calidad de construcción de las casas, niveles de mantenimiento, distritos escolares, instalaciones médicas, proximidad a los servicios y seguridad. Cuanto mejor sea el vecindario, más cara será la casa promedio. ¡Todas las propiedades se pueden cambiar! Las casas de un millón de dólares en las colinas y las casuchas en el gueto pueden ser derribadas con los mismos principios. ¡La casa que usted necesita es algo intermedio!

Regla de Oro #2) Elija la peor casa en el mejor vecindario Según lo que puede pagar, siempre opte por el vecindario de más alto nivel con las casas más nuevas. ¿Por qué enfocarse en los mejores vecindarios de su presupuesto? Ellos probablemente tendrán diseños más nuevos que son fáciles de actualizar e incluso la peor casa en un buen vecindario será mejor que una casa promedio en un mal vecindario. Los buenos vecindarios tendrán acceso a buenas escuelas, instalaciones médicas, restaurantes, centros comerciales, policía y policía, redes de carreteras y otros servicios de primera clase que contribuyen a una buena vida.

Consejo profesional: No importa cuánto dinero invierta en renovaciones, nunca cambiará la ubicación de la casa. Los compradores no quieren vivir en una zona de alta criminalidad. Escoja el mejor vecindario que pueda encontrar y compre una casa en ese vecindario según su presupuesto.

Regla de Oro #3) Compre Casas Cortadoras de Galletas

Siempre opte por las casas de corte de galletas de aspecto medio/neutral que pueda encontrar. ¿Por qué comprar esa propiedad "única"? Esto excluirá una gran parte de la cartera de clientes potenciales. Si algo se siente "raro" en una propiedad (por ejemplo, el techo tiene una marca de guitarra porque el propietario era guitarrista) y la propiedad se adaptó a las demandas de un propietario anterior, evítelo. La propiedad tiene que ser similar a las propiedades en el área inmediata. Una vez que los clientes visiten la propiedad, también podrán ver las propiedades al otro lado de la calle. Si notan que el tuyo sobresale, no lo comprarán. Aunque suene duro en la práctica, las casas de galletas se venden rápido. Busca la casa más común que puedas conseguir sin nada único al respecto y dale la vuelta a eso.

¡Lo mismo se aplica para sus vecinos de al lado! Asegúrese de que no haya llagas en los ojos en su área inmediata. Si a los compradores potenciales les gusta la casa, pero la casa de enfrente está en mal estado, se les pospondrá. ¿Su vecino tira basura frente a su casa?

¿Tienen sus coches aparcados por todo el césped? ¿Hay un bote gigante que sobresale de su garaje? El estado de la propiedad de su vecino puede afectar el valor de la suya. En esencia, usted necesita encontrar una casa "normal" en un vecindario "normal". Esto asegura que la casa atraerá al mayor número de clientes y no permanecerá en el mercado por mucho tiempo.

Regla de Oro #4: Evite las construcciones obsoletas

Recuerde el año 1978 - este es el año límite para cada propiedad que desea comprar. Todos los hogares antes de 1978 usaban pintura a base de plomo y la *"Environmental Protection Agency"* (Agencia de Protección Ambiental) de los Estados Unidos cambió las regulaciones de pintura en ese año, lo que significa que consideran la posibilidad de que todos los hogares construidos antes de 1978 todavía tengan pintura a base de plomo. En la práctica, el gobierno local lo acosará para obtener documentación sobre cada renovación una vez que programe las auditorías. Usted selecciona cuidadosamente las pinturas pre aprobadas para que esto aumente sus costos de construcción y haga que el procedimiento de aprobación lleve mucho tiempo. Existen ciertas "pautas" para todas las casas construidas antes de 1978 que imposibilitan la realización de simples arreglos cosméticos como trabajos de pintura. Además, el gobierno puede multar a los propictarios hasta $30,000 por no cumplir con esas regulaciones.

El diseño de las casas antiguas también es un factor decisivo para la mayoría de los nuevos compradores. **Ejemplo**: Muchas casas antiguas tienen habitaciones que conducen a otras habitaciones y algunas de ellas son inaccesibles desde el vestíbulo principal. Los nuevos compradores prefieren casas que tengan planos "abiertos" en los que cada habitación sea accesible independientemente de otras habitaciones y las cocinas abiertas también son populares. En el pasado, las áreas de cocina se cerraban con un espacio reducido. Las áreas actuales de la cocina están abiertas y/o adyacentes a la sala de estar para facilitar el entretenimiento.

House flipping

Regla de Oro #5: Cambiar la casa en 3 meses o menos

Cuanto más tiempo pase en renovaciones, más dañará su billetera. Invierta en casas que demoren un máximo de 3 meses en Cambiar: 1 mes para el papeleo y la adquisición, 1 mes para las renovaciones y 1 mes para la Cambiar. Una vez que haya delimitado sus vecindarios, la selección debe depender de qué casa tardará menos tiempo en arreglarse. Si la casa parece que tardaría más de 1-2 meses en ser renovada, ¡olvídalo! Si usted puede renovar una casa en menos de un mes usando arreglos cosméticos simples (pintura, decoración interior, jardinería, etc.), vaya por ello. Si la casa tiene problemas estructurales, cada problema podría tomar un mes por sí solo. Como un comprador que desea entrar y salir de ofertas tan rápido como sea posible, lo que le deja con un beneficio considerable en cada tirón.

Cuanto más tiempo permanezca su casa en el mercado, más dinero tendrá que gastar en HOA, seguros, servicios públicos, impuestos a la propiedad, jardinería y/o cuotas de adquisición. Las casas de menos de 2000 pies cuadrados son las más fáciles de renovar porque solo se renuevan 2-3 habitaciones a la vez. Si la casa es grande, las reparaciones tardarán más tiempo y son más extensas, incluso si solo está haciendo reparaciones cosméticas menores.

Cómo Calcular Su Ganancia Neta

La ganancia bruta promedio para un cambio de casa en los Estados Unidos es de $60,000 - esto es antes de que el Tío Sam se lleve a casa sus impuestos sobre los ingresos y los impuestos sobre las ganancias de capital se aplican a los activos que ha tenido por menos de un año. Para calcular el beneficio neto de cada comprador, se deben contabilizar todos los costes de adquisición: La compra de la propiedad, la renovación, los costos de transporte (impuestos de propiedad, seguros, HOA, servicios públicos, mantenimiento del paisaje, costos de cierre/costos de agente inmobiliario) y luego hacer un depósito en una propiedad. Luego, usted tiene que calcular sus propios impuestos individuales basados en su estado y los niveles de ingresos que debe calcular por su cuenta. Para el propósito de esta demostración, tomaremos un giro promedio de la casa y calcularemos todos los costos importantes mientras explicamos lo que significa cada costo.

La elaboración de un presupuesto es esencial para darle la vuelta a la casa con éxito. La ganancia "neta" en el cambio de casa se refiere a la ganancia final que usted obtiene después de que la propiedad es vendida - no a los impuestos sobre la renta que siguen. Por ejemplo, si su beneficio al final de la venta es de 40.000 dólares, se considera su "beneficio neto". Es el dinero que le queda después de restar todos los gastos de renovación, los gastos de transporte y los honorarios de los agentes de bienes raíces.

La hoja de cálculo de costos

- **Costos de la propiedad**. Este es el costo más alto: en muchos casos, el precio de adquisición de la propiedad será del 60-70% de su presupuesto total, dependiendo de las renovaciones que desee realizar. Puede reducir su precio de compra buscando ofertas y ejecuciones hipotecarias en su área inmediata. Una vez que los bancos cierran una propiedad, quieren "deshacerse de ella" rápidamente y venden por debajo del valor de mercado. Cuanto menos gastes en la propiedad, más dinero te quedará al final.
- **Costos de renovación**. Esto incluirá todas las renovaciones que usted quiera hacer: trabajos de pintura, mejoras interiores, derribo de paredes, mejoras exteriores/paisajísticas y más. Los costes de renovación incluyen los materiales necesarios, los costes de mano de obra y todos los demás recargos que puedan surgir.
- **Costos de mantenimiento**. Los costos de mantenimiento a veces se denominan costos de "transporte" porque uno tiene que pagar el mantenimiento mensual de la propiedad,

incluyendo la hipoteca, los servicios públicos, los seguros, la HOA y los impuestos a la propiedad. Cuanto más tiempo permanezca su propiedad en el mercado, más tendrá que pagar en gastos de mantenimiento.

- **Honorarios de los agentes de bienes raíces**. Los agentes inmobiliarios se encargan de la fotografía, la comercialización y el listado de la propiedad. También se reúnen con los clientes de primera mano y venden la propiedad en persona. Los agentes de bienes raíces típicamente cobran 5% pero muchos aceptan 4% si usted negocia. Si se salta los agentes de bienes raíces, tendrá que vender la propiedad usted mismo.

Cómo calcular sus ganancias netas

Utilizamos las matemáticas para estimar las ganancias netas una vez que se vende la propiedad. Para el propósito de esta demostración, analizaremos una propiedad de clase B que queremos vender por $140,000.

Precio de la propiedad: $85,000

Gastos de renovación: $15,000

Compra de los costos de cierre: $1,000

Costos de venta de cierre: $5,000

Impuestos: $1,000

La fórmula:85,000 dólares (adquisición de bienes) + 22,000 dólares (renovaciones + tasas) = 33,000 dólares

GANANCIA NETA: $33,000

Una vez que tomamos el precio de venta final de $140,000 y restamos nuestros costos totales, terminamos con una ganancia neta de $33,000. La cifra de $33,000 es la ganancia neta que le queda al final de cada venta. **Nota**: Hay costos de compra separados al principio que incluyen cargos de agente de bienes raíces en su parte. También hay cargos de cierre al final que incluyen los honorarios de su agente de bienes raíces y los honorarios del agente de bienes raíces del comprador. Si estimamos un presupuesto moderado de $15,000 para mejoras cosméticas, esto equivale a $33,000 en ganancias puras.

El IRS cobra los impuestos de su cambio de forma individual que tendrá que pagar al final de cada año fiscal, pero es imposible calcularlo por adelantado porque si su objetivo es Cambiar 3-4 propiedades al año, se le cobrarán impuestos sobre las ganancias combinadas de sus cambios. La mayoría de los cambios de casa se gravan bajo los impuestos de "ganancias de capital", que es una subcategoría de impuestos sobre la renta que se aplica una vez que alguien vende un activo. Por ejemplo, si una persona hereda una propiedad de $2 millones y decide venderla, el IRS cobrará el impuesto sobre las ganancias de capital sobre la venta. Si alguien vende un negocio, también se aplican los impuestos sobre las ganancias de capital. Lo mismo se aplica a sus ganancias combinadas. Las personas que cambian casas pagan impuestos de "ganancias de capital a corto plazo" por los activos que han mantenido durante menos de un año. Los impuestos sobre las ganancias de capital a corto plazo son casi un 100% más altos que los impuestos sobre las ganancias de capital a largo plazo (activos que ha mantenido durante más de un año). El nivel impositivo más bajo de las ganancias de capital es del 10% para las ganancias por debajo de $ 10,000 y aumenta progresivamente hasta el 37% en las ganancias superiores a $ 500,000. Una vez que haya calculado sus ganancias totales para el año, puede calcular sus ganancias netas en función del tramo impositivo y las ganancias totales.

House flipping

Capítulo 5 - Todo se trata del valor

Las 4 Mejores Renovaciones Para Aumentar El Valor

El número mágico para renovar bienes raíces es de $40,000 - si tiene $40,000 para gastar, puede instalar baños, cocinas y renovaciones exteriores de la más alta calidad. Usted puede renovar la casa por la mitad del precio a $20,000 o incluso menos - $10,000 si es cuidadoso y hace muchas cosas usted mismo. Los dos mayores impulsores de valor para una casa son la cocina y el baño. Solo esos dos pueden aumentar el valor de una casa en 50.000-100.000 dólares. ¡Estamos hablando de grandes revanchas ahora! Las grandes reformas son las que más cuestan y pueden aumentar el valor de la vivienda de manera significativa. La cocina es el corazón de la casa y hacer pequeños ajustes en el área de la cocina puede aumentar significativamente el valor de la propiedad. Si esta es tu primera vez, concéntrate en los 3 grandes: cocina, baño y sala de estar. Hay muchas actualizaciones "pequeñas" que se pueden hacer, como trabajos de pintura, iluminación, jardinería, mejoras interiores, etc., pero la mayor parte del dinero se gasta en la cocina y el baño. Si usted compra un baño nuevo con los materiales de la más alta calidad, puede llegar a costar hasta $20,000 fácilmente. Hay maneras de reducirlo haciendo pequeñas actualizaciones (que resumiremos a continuación).

Hablemos de números: La cocina proporciona el mayor retorno de la inversión en términos de valor. Usted verá en promedio un retorno de su inversión en la cocina 3 veces mayor. **Ejemplo**: Si usted gasta $5,000 el comprador va a pensar que usted gastó $15,000. El baño también tiene un gran multiplicador. Por cada $5,000 que gaste en un baño, el comprador pensará que gastó $10,000. Si gasta $20,000 en un baño, el comprador pensará que gastó $40,000. La pintura tiene un impacto significativo en el retorno de la inversión. En promedio, por cada galón de pintura que gaste en la casa, verá un retorno de $1000. Si usted gasta 10 galones de pintura, el valor de la propiedad aumentará de $10,000. Hay pequeñas mejoras que se pueden hacer en el hogar, como actualizaciones de seguridad o dispositivos inteligentes, pero la mayor parte de su presupuesto se asignará a las grandes actualizaciones. Le mostraremos cómo gastar poco en esas grandes actualizaciones y qué actualizaciones de cocina/baño proporcionan el mayor retorno de la inversión (las que puede actualizar con un presupuesto). Nos centramos en las actualizaciones basadas en la demanda del mercado, y las siguientes actualizaciones son las más buscadas en el mercado inmobiliario de los Estados Unidos.

Teniendo esto en cuenta, las siguientes 4 mejoras aumentarán el valor de su propiedad significativamente:

Renovación #1) La cocina

La frase "La cocina es el corazón de la casa" es cierta: debe comenzar su renovación con la cocina. Las principales mejoras cosméticas que usted debe hacer son dentro de la cocina - si los mostradores son demasiado anticuados usted tiene que reemplazarlos o pintarlos. La gente analizará el estado de la cocina primero para tener una idea del estado del resto de la casa. Las familias pasan mucho tiempo en la cocina y los compradores tienen demandas muy específicas en cuanto a los servicios que requieren. La mayoría de la gente no desea jugar con las compras pequeñas y prefieren todo lo que se entrega pavo, por lo que esperan que usted les presente una cocina totalmente remodelada. La cocina debe tener los electrodomésticos más nuevos como refrigeradores, estufas de moda, fregaderos dobles, islas de cocina, microondas, lavavajillas y más. Cuanto más "modernos" sean sus electrodomésticos, más rápido se venderá la propiedad. Usted quiere que el comprador promedio se imagine despertando y tomando café en la encimera de la cocina. La cocina puede ser muy costosa ya que solo los electrodomésticos inteligentes pueden costar miles de dólares. Las cocinas de Turquía también son más caras que comprar electrodomésticos individualmente. Es por eso por lo que nos enfocamos en pequeñas mejoras que tienen un gran impacto en las renovaciones de cocinas.

- **Mejora de cocina #1:** doble lavabo
- **Costo promedio**: $100-$50

Reemplace el fregadero con un fregadero doble: Esta es una actualización barata y popular que es vista como esencial por la mayoría de los compradores de la generación milenaria y más joven. Las encuestas muestran que los compradores de ingresos medios requieren un fregadero doble como una necesidad y necesitan suficiente espacio para almacenar todas sus macetas y bolígrafos grandes. Cuanto más profundo sea el fregadero, más espacio tendrán, mejor. Apunte a un fregadero que va a contener salpicaduras y deje suficiente espacio para contener múltiples ollas, sartenes y platos grandes. El fregadero no tiene que ser extravagante: puede ser un fregadero simple, funcional y fácil de limpiar. Compre un fregadero con un toque moderno para añadir a la sensación de "Premium" de la cocina.

- **Mejora de cocina #2**: Isla de Cocina (Kitchen Island)
- **Costo promedio**: $200-500

La característica más buscada en las cocinas es una isla de cocina. Afortunadamente, las islas de la cocina son actualizaciones asequibles y se puede encontrar por menos de $ 500. Casi el 80% de todos los nuevos compradores de viviendas requieren una isla de cocina como elemento esencial, y la isla es sinónimo de cultura culinaria estadounidense. Las familias necesitan un espacio donde puedan trinchar sus alimentos, preparar café/almohadas, entretener a los huéspedes, hablar por la mañana y almacenar lo esencial. El fregadero de la cocina proporciona espacio adicional para comer a la mesa principal (¡característica muy deseable de la cocina!) y añade espacio de almacenamiento separado de la nevera principal. La cocina se centrará alrededor de la isla de la cocina y es posible que desee asignar más de su presupuesto en la isla, ya que establece el tono de la cocina. La mayoría de las islas de cocina son "prefabricadas", lo que significa que pueden caber en todos los espacios vacíos.

- **Mejora de Cocina #3**: Gabinetes de Pintura
- **Costo promedio**: $30-50/galón de pintura

¿Su propiedad viene con gabinetes de cocina viejos? Los gabinetes de reemplazo son asequibles, pero lo que es más asequible es pintarlos. Usted puede remodelar el ambiente de una cocina volviendo a pintar los viejos gabinetes oxidados con un simple pincel en menos de 1 hora. Si la habitación se siente demasiado "pequeña" y "oscura", esto puede ser el resultado de viejos gabinetes oscuros que necesitan refrescarse. La cura más rápida para una habitación oscura es brindarle vida a los colores comenzando con colores claros. Recomendamos una pintura neutra blanca o gris que creará la ilusión de espacio e iluminará la habitación. Estos colores neutros son acogedores y la pintura solo cuesta $30-50/galón. Los efectos en la cocina serán significativos y usted puede ahorrar dinero en lugar de reemplazar los gabinetes.

Renovación #2) El baño

El cuarto de baño proporciona un retorno de la inversión de 2 veces el promedio: Si usted invierte $15,000 en un baño, el comprador pensará que usted invirtió $30,000. Por ejemplo, usted puede instalar nuevos accesorios de tres luces por menos de $100 que le dan al baño una apariencia de hotel de cinco estrellas y el comprador pensará que usted invirtió miles de dólares en los accesorios de iluminación del baño. Un baño listo "llave en mano" puede costar decenas de miles de dólares. Para evitarlo, hay que remodelar los elementos esenciales más importantes de un cuarto de baño, como la cabina de ducha, los accesorios, los inodoros, el tocador y los cabezales de ducha. Estas actualizaciones son baratas y cuestan unos pocos cientos de dólares como máximo. Si usted combina las mejoras más esenciales, puede modernizar el cuarto de baño sin gastar demasiado. Concéntrate en los detalles: Compre mejoras modernas que le den al baño un nuevo comienzo. Las siguientes son las mejoras más esenciales que aumentan significativamente la perspectiva de un baño:

> **Mejora de cuarto de baño #1**: Accesorios (manijas, grifos y duchas)
> **Costo promedio**: $100-$200

Las principales mejoras cosméticas en el cuarto de baño son las luminarias - si reemplazas las luminarias por luminarias modernas, el cuarto de baño tendrá una sensación de brillo y limpieza, casi como si hubieras comprado un cuarto de baño llave en mano. Esto aumenta el atractivo del cuarto de baño de forma significativa. Repara el baño con estrellas instalando nuevos cabezales de ducha o grifos. Si usted tiene duchas viejas y oxidadas con desgarros y desgaste visible, esto es muy malo para la imagen del cuarto de baño. Los nuevos cabezales de ducha pueden ser reemplazados por menos de $100. Desmonte la vieja luz parpadeante en el techo y compre nuevas lámparas de tres vías que sean modernas e iluminen la habitación con luz LED brillante. Para el grifo del lavabo, compre uno con un nuevo acabado de níquel cepillado que le agregue estilo. Compre un cabezal de ducha de níquel para un uso eficiente del agua y brillo. Considere un nuevo accesorio de luz por encima de la vanidad que normalmente cuesta menos de $100.

> **Mejora de cuarto de baño #2**: Aseos
> **Costo Promedio**: $100-200 (+ $300 por instalación).

¡La principal actualización que los nuevos clientes apreciarán en un baño es un nuevo inodoro! La mayor parte del tiempo en el baño se pasa en el inodoro y los clientes no quieren usar inodoros que fueron usados por otras personas durante años. Usted quiere comprar y reemplazar el inodoro con uno nuevo. Muchos inodoros anticuados también tienen tazones que gotean galones de agua por la noche sin su conocimiento, lo que hace que esta sea una actualización esencial. Afortunadamente, los inodoros pueden costar tan solo $100 y los más caros están por debajo de los $300. Los costos de instalación son más altos que el inodoro en sí, pero puedes encontrar ofertas en lugares como Home Depot, que instala inodoros por menos de $300. Muchos inodoros nuevos vienen con diferentes opciones de color y tiran de la cadena de agua de una manera poderosa. Si desea mejorar el inodoro, considere la posibilidad de añadir un bidé que muchos clientes apreciarán.

- **Mejora de cuarto de baño #3**: Tocador
- **Costo Promedio**: $200-$500

¡El tocador es un baño esencial de importancia similar al inodoro porque el tocador es parte de nuestras rutinas matutinas y nocturnas! El tocador es lo primero que usamos en la mañana y lo último que usamos en la noche. Ponemos nuestros elementos esenciales en el tocador y desea asegurarse de que el tocador sea algo que sus nuevos clientes deseen usar a diario. El tocador puede traer importantes ganancias en el baño. Enfóquese en los detalles para ver si puede volver a pintar o arreglar el tocador actual antes de comprar uno nuevo. Si repintas el tocador, utiliza colores neutros como el blanco, el gris o el beige. Un nuevo tocador puede costar hasta $500 dependiendo de los materiales utilizados y el tamaño del tocador. Su vanidad debe tener una encimera nueva y moderna, un fregadero, un grifo con una altura decente y un acabado limpio. Si hay un espejo anticuado, puede reemplazarlo por uno barato, ampliando el espacio de la habitación y dándole un aspecto más elegante y moderno.

Renovación #3) Pisos y alfombras

- **Costo Promedio**: $6-10/pies cuadrados.

El piso de la sala de estar es una de las "3 grandes" mejoras, además de la cocina y el baño. Si usted actualiza el piso de la sala de estar puede añadir un valor significativo al precio de reventa de su propiedad - todo el mundo quiere un piso nuevo. El costo promedio de un piso nuevo es de $6-10 por pie cuadrado. Esto significa que el piso de una sala de estar grande puede ser reemplazado completamente por menos de $1000. Sin embargo, esto no significa que no se pueda ir más abajo. Hay ciertos materiales que pueden ir por tan poco como $3/pie cuadrado. Si opta por los materiales más lujosos, pagará hasta $20/pie cuadrado. Esto depende de la transformación total y/o de la impresión que usted está tratando de crear en los compradores. La calidad del suelo es una de las primeras cosas que notarán aparte de la pintura. Los pisos son algo que usted no puede hacer por su cuenta, sin embargo, los costos de mano de obra no son exuberantes y el promedio de 300 pies cuadrados de sala de estar puede ser reemplazado por $1000 sin incluir los materiales. El piso es una gran mejora para una casa nueva porque los propietarios no tendrán que molestarse en reemplazarla ellos mismos. Usted puede remodelar completamente el ambiente de la sala de estar: Si usted compra pisos de color negro, la casa tendrá un aspecto más moderno y neutral. Para completar las mejoras del piso, compre una alfombra moderna que a sus nuevos compradores les encantará. Como regla general, copie los pisos de su vecindario.

Renovación #4) Instalar Patio / Terraza

> **Costo promedio**: $2000-4000/patio

El valor más grande de refuerzo en ciertos estados es la instalación de un patio o una terraza. ¿Tiene la casa un patio trasero donde se puede instalar un patio adicional para colocar las sillas y relajarse? La construcción de uno puede aumentar el valor de la propiedad de manera significativa. Las personas que aman entretenerse en estados más cálidos encontrarán esto como una ventaja porque pueden disfrutar de un espacio al aire libre para relajarse, cocinar, comer, beber, jugar con los niños y celebrar eventos. Existe la posibilidad de ampliar el patio hasta el área de la piscina si hay una piscina en la parte trasera de la casa.

El patio convierte la casa en un "oasis de verano" donde los propietarios pueden organizar fiestas y traer invitados. Los patios son una gran inversión porque permiten a los futuros propietarios crear recuerdos duraderos y muchos de ellos pagarían más si tuvieran un buen patio. El costo de instalación no es exuberante: El patio de concreto promedio cuesta $700 en materiales, y una vez que se agregan los costos de mano de obra/contratistas, asciende a $2000-4000 por patio. Una pequeña inversión de este tipo puede remodelar el ambiente de la propiedad; sin embargo, en estados más fríos esto no es deseable ya que hay menos tiempo para disfrutar del aire libre.

Atractivo Exterior: Qué Es Y Cómo Hacerlo Bien

El atractivo exterior es un término utilizado para describir la primera impresión que una persona tiene cuando pasa por una casa. Conduzca más allá de una fila de la casa: ¿qué es lo primero que piensa de ellos? ¿Crees que "Esa es una bonita casa" o "Esa casa apesta" cuando pasas junto a ellos? ¡Su reacción está determinada por el atractivo de la acera! Si la casa tiene un buen atractivo de acera, usted tendrá una buena primera impresión. Si la casa tiene un mal atractivo en la acera, usted tiene una mala primera impresión. El atractivo de la acera viene determinado por el exterior: la pintura de la casa, los accesorios de iluminación, el césped, el patio, los coches aparcados y otros detalles menores. El atractivo de la acera se traduce en fotografías tomadas en línea, ya que las personas abren sus casas en función del estado del exterior - si les gusta el exterior, quieren ver el interior. En esencia, su casa podría desmoronarse por dentro, pero si se mantiene el aspecto exterior, tendrá un buen atractivo para los transeúntes. Para mejorar el atractivo exterior, nos enfocamos en decoraciones exteriores, pintura, jardinería y mantenimiento general. jardinería

La HOA (Asociación de Propietarios de Viviendas) se enfoca en el atractivo de la acera contratando contratistas que lavan y mantienen las entradas públicas. De esta manera cada casa en el vecindario es mantenida y el vecindario puede mantener altos valores de propiedad. Si un residente de una comunidad de la HOA se niega a pagar, puede ser multado ya que firmó un documento legal para poseer en una comunidad con mantenimiento obligatorio. Los propietarios de viviendas y los contratistas de la construcción utilizan múltiples maneras de aumentar el atractivo de la acera, lo que hace que la casa sea más valiosa. Los compradores quieren ver una propiedad en buen estado antes de firmar una hipoteca: Quieren sentirse "en casa". Para crear esto, usted debe hacer actualizaciones que crearán una sensación acogedora para los nuevos compradores.

El atractivo exterior es también la reacción cuyos vecinos tienen una vez que pasan por su casa - no solo es atractivo para los compradores. Ejemplo: Si pasas por delante de una propiedad de un vecino y piensas "Wow su iluminación exterior mejora el paisaje", refuerzas las impresiones positivas que tienes de su casa. Los niños que juegan también pueden ser una señal de la alta atracción de la acera, ya que los niños solo juegan en céspedes delanteros que tienen un césped verde exuberante ideal para actividades deportivas. Antes de tratar de vender una propiedad, usted quiere maximizar el atractivo de la acera que tiene porque esto creará buenas primeras impresiones para los futuros compradores. Usted desea asignar un cierto porcentaje de su presupuesto de renovación a los elementos esenciales que aumentan el atractivo de la acera y hacen que la casa sea atractiva para los futuros compradores. Las mejoras que aumentan significativamente el atractivo exterior son la pintura exterior y los artefactos de iluminación: los elementos esenciales del atractivo exterior se pueden actualizar por unos pocos miles de dólares y el aumento en el valor de la vivienda será significativo.

Atractivo Exterior #1: Pintura Exterior

> **Costo promedio**: $100-200/2-3 galones (¡+$20 por cepillos!)

El trabajo de pintura da la impresión de que la casa se mantiene en buen estado. Las mejoras cosméticas en la casa aumentan el valor de la casa significativamente y la más esencial de ellas es la pintura exterior. Volver a pintar su casa atraerá a los compradores y aumentará el valor de su propiedad. La pintura nueva no solo renovará el aspecto de la propiedad, sino que la mantendrá a salvo de los elementos. Por cada galón que usted ponga en el trabajo de pintura exterior, verá una devolución de $1000/galón.

Nota: Pintar el exterior es ideal para casas que están en buen estado y que podrían necesitar una renovación - no hará mucho para una propiedad en decadencia que requiere nuevas paredes y aislamiento.

Los contratistas pueden aumentar el precio de un trabajo de pintura por un margen de 2-3x. La mejor manera de ahorrar dinero en una pintura exterior es pintarla usted mismo. Traiga a su papá o cuñado y pinte la casa usted mismo - no le tomará más de 2 días pintar el exterior de una casa de 2000 pies cuadrados. Si usted está en un presupuesto esto es un gran ahorro de dinero. Concéntrese en cubrir todas las imperfecciones y camuflar los puntos de descamación. Asegúrese de que el color coincida con el exterior de otras casas en el área. En promedio, usted gastará entre $30 y $50 por galón de pintura. Esto significa que para cubrir el exterior usted necesitará solamente $100-200 dependiendo del tamaño de la casa. El equipo como cepillos y suministros sumará solo $20-30. ¡Entonces estás en la pintura! La pintura aumentará su atractivo exterior y debe hacerse al final de sus renovaciones, para mantenerse fresco para las exhibiciones de agentes inmobiliarios y "casas abiertas" que venden la propiedad.

Atractivo Exterior #2: LED inteligentes

> **Costo promedio**: $100-200

La luz exterior puede aumentar el atractivo exterior y disuadir a los delincuentes - esto es un beneficio mutuo. La luz exterior es una de las características esenciales que los nuevos compradores de vivienda buscan y las nuevas luces "inteligentes" son deseables, ya que iluminan todo el patio delantero y pueden activarse mediante sensores de movimiento. Las nuevas luces son energéticamente eficientes y pueden iluminar el frente de su casa durante toda la noche sin que le cueste una fortuna. Por menos de $300 en accesorios de iluminación, usted puede convertir patios fríos en espacios cálidos y acogedores que crean un ambiente nocturno para los huéspedes y las presentaciones.

El agente inmobiliario puede mostrar su propiedad por la noche y mostrar un ambiente cálido que venderá la casa. Las luces LED son muy deseables ya que crean una atmósfera acogedora y mantienen la casa segura. La instalación es rápida y las nuevas luminarias se pueden instalar en menos de una hora. Para finalizar sus actualizaciones de luz, compre faros activados con sensor de movimiento que coloque sobre el garaje. Si desea maximizar su atractivo de acera en la noche, considere la compra de LED solares a prueba de agua de hadas que usted puede colocar a lo largo de toda la cerca de su patio delantero que creará una sensación acogedora para los transeúntes.

Pequeñas Actualizaciones Para Una Casa Significativamente Más Deseable

Felicidades, ¡ya ha hecho las grandes mejoras! Supongamos que ha gastado $5,000 en una cocina y $10,000 en un baño - cada propiedad tiene requisitos únicos basados en el estado del interior. La propiedad que usted compra podría haber tenido un mal baño con una cocina nueva. En ese caso, usted asigna el 50% de su presupuesto de renovación en el cuarto de baño y hace pequeñas mejoras en el resto. El factor importante es "emparejar" el hogar con estándares iguales en cada habitación. Usted no quiere tener una cocina inteligente y luego un baño decrépito de los años 60 en la habitación de al lado. Felicidades, ¡ya ha hecho las grandes mejoras! ¿Qué sucede una vez que ha realizado todas las grandes renovaciones y está listo para vender en el mercado? Existen numerosas actualizaciones pequeñas que cuestan menos de $ 1000 que pueden ayudar a asegurar y "inteligente" el hogar. Los compradores comprarán una casa marcada como "inteligente" incluso si es más cara que una casa normal en buen estado. El hecho sorprendente es que la mayoría de los gadgets de seguridad y las funciones inteligentes cuestan solo unos pocos cientos de dólares. En teoría, usted podría equipar la casa con la última tecnología gastando casi nada de dinero.

Nos centramos en 3 actualizaciones menores: sistemas de seguridad, tecnología inteligente y jardinería. Estas actualizaciones proporcionan el mayor beneficio para su dinero y el retorno de la inversión en los hogares. Estadísticamente en los EE. UU. hay un robo cada 18 segundos y tiene sentido equipar su propiedad con la última tecnología de seguridad. La mayoría de los sistemas de seguridad "todo en uno" vienen con cámaras, sensores de movimiento y compatibilidad con aplicaciones Smartphone. También recomendamos instalar termostatos inteligentes que ayuden a los compradores a configurar la temperatura de su hogar. Por último, recomendamos realizar pequeñas mejoras paisajísticas que puedan aumentar el atractivo de la casa. Las siguientes mejoras menores tendrán un impacto significativo en el valor de su propiedad:

Mejora del valor #1) Sistemas de Seguridad Inalámbricos

> **Costo Promedio**: $50-$200

Los sistemas de seguridad funcionan de forma inalámbrica a través de Wifi y pueden instalarse en menos de una hora: La mayoría de los paquetes de seguridad para el hogar que usted compra en Amazon pueden proporcionarle múltiples cámaras de seguridad para cubrir todos los ángulos e interiores de la casa. Puede instalar una cámara en la parte delantera de la casa, la sala de estar, el porche trasero y cualquier área que desee. Los sensores de movimiento de la cámara detectarán el movimiento y le enviarán señales a su teléfono inteligente mientras está en el trabajo usando Wifi. Los sistemas avanzados de cámaras también pueden identificar el humo y prevenir incendios en las casas. Si gasta unos cuantos dólares más, puede comprar una cámara que tenga visión nocturna para protegerse de los ladrones en la noche (¡o incluso ayudar a capturar a los delincuentes si la casa de su vecino es robada monitoreando el vecindario inmediato!). Muchas cámaras de seguridad tienen baterías de respaldo que les ayudan a funcionar mientras usted está de vacaciones o en caso de un apagón.

El costo promedio de una cámara de seguridad inteligente es de $50-100, pero se puede tener un juego completo en el rango de $200-300 que incluye múltiples cámaras para seguridad las 24 horas del día, los 7 días de la semana. Asegúrese de que la cámara que compra es DYI (hágalo usted mismo) y le permite instalar el sistema por su cuenta. Para ahorrar dinero, compre sistemas de seguridad que no tengan sistemas de suscripción mensual. Muchos fabricantes enganchan a sus clientes con cuotas mensuales para utilizar su software de seguridad, y encuentran uno que viene sin cargos mensuales. Los sistemas de seguridad mejorarán la seguridad de la casa y ayudarán a venderla más fácilmente.

Mejora del valor #2) Termostato inteligente

> **Costo promedio**: $200-400

Las investigaciones demuestran que una de las formas más baratas y rápidas de convertirse de estar al día con la tecnología y de aumentar el valor de la propiedad es la instalación de un termostato de alta tecnología. Los beneficios de los termostatos inteligentes son numerosos: Ahorran tiempo, conservan energía, se adaptan a su estilo de vida y le ayudan a configurar la temperatura de su hogar. Los mejores termostatos que se pueden encontrar en Amazon analizan los patrones de trabajo de los residentes y los utilizan para reducir el calor cuando están en el trabajo y aumentarlo cuando regresan a casa. Los termostatos tardan menos de una hora en instalarse y se pueden hacer

DYI: Tienen bajo mantenimiento y funcionan en conjunto con las aplicaciones de los teléfonos inteligentes. Los mejores sistemas cuestan entre 200 y 400 dólares, dependiendo de la cobertura. Esta característica venderá una casa rápidamente y puede ser uno de los principales puntos de discusión una vez que la muestre a los compradores.

Mejora del valor #3) Jardinería

➢ **Costo Promedio**: $50-$100

El césped aumenta el valor de la propiedad y muchas comunidades de la HOA hacen cumplir las leyes para el mantenimiento del césped, multando a los residentes que no cumplan con las pautas. El césped tiene que estar verde y bien mantenido, sin manchas amarillas ni agujeros en el suelo. La investigación muestra que, en el mantenimiento adecuado del césped en el momento de la venta, se recupera el 100% de los costos iniciales de renovación y puede aumentar el valor de la casa en un 5-10%. Para mantener un césped puede contratar a un contratista o hacerlo usted mismo (¡el mejor ahorrador de dinero!). Vaya a la ferretería y compre cortadoras de setos y una cortadora de césped que pueda usar para comenzar a trabajar.

Si desea mejorar su césped, plante arbustos de prímula o use adoquines para forrar el camino de entrada. Esto aumentará el atractivo de la acera de su casa significativamente, y los arbustos de prímula son muy fáciles de mantener. Si tiene manchas amarillas, puede obtener pintura y rellenarlas antes de empezar a tomar fotos o mostrarlas a los compradores. Estos cambios toman algunas horas de trabajo como máximo y tienen un impacto serio en la percepción y el valor de su propiedad.

Mejora del valor #4) Nuevos ventiladores de techo

> **Costo Promedio**: $100/ventilador + $100 por instalación

La investigación del instituto de bienes raíces muestra que los ventiladores de techo son amados por los compradores de todos los niveles de ingresos - si la casa carece de ventiladores de techo, usted puede agregarlos por menos de $100 cada uno. El ventilador de techo añade más iluminación y confort. Si su propiedad está en un estado cálido, usted necesita absolutamente ventiladores de techo. Debe haber un ventilador de techo en la sala de estar y en cada dormitorio: Esto creará una sensación acogedora mientras navega por la casa. Si no está seguro de si los ventiladores de techo son prácticos en su área, analice las composiciones o visite las propiedades cercanas y consulte con los residentes. El diseño del ventilador de techo tiene que ser minimalista y no "abrumar" la habitación que está renovando. El diseño del ventilador de techo es de color negro mate puro con aspas de madera.

Mejoras Ecológicas Que Aumentan Instantáneamente El Valor De La Vivienda

La eficiencia energética es un término para mejorar la casa con equipos que preservan el calor o mantienen la casa fresca, ahorrando costos. ¡La eficiencia energética no tiene que ser costosa! Sí, la instalación de un panel solar costará un promedio de 14.000 dólares, pero las meras actualizaciones, como el reemplazo de las ventanas, solo pueden costar entre 2.000 y 3.000 dólares por casa. La eficiencia energética multiplica cada dólar que usted pone en la propiedad por un multiplicador de 2x. Si invierte $5000 en eficiencia energética, obtendrá $10,000 de vuelta. Si actualiza la eficiencia energética de una casa, puede convencer a sus futuros compradores de que están comprando una casa energéticamente eficiente utilizando números duros. En estados como California todos los nuevos desarrollos deben tener paneles solares o no son elegibles para un permiso de construcción. Si desea mejorar la vivienda para lograr una eficiencia energética completa sin depender de la red pública, puede hacerlo por tan solo $15,000. El precio dependerá de la calidad de los paneles y del tamaño de la vivienda. Reglas similares se aplican para hacer pequeñas mejoras como el aislamiento o el reemplazo de ventanas.

Las actualizaciones sencillas pueden hacer que la casa sea más ecológica y aumentar la eficiencia energética. **Ejemplo**: Reemplazar ventanas viejas por ventanas nuevas de doble panel puede reducir las facturas de refrigeración en un 15% y ahorrar a los residentes $500 al año en costos de servicios públicos. Las luces LED son ultraconservadoras en energía y la electricidad es virtualmente gratis una vez que usted cambia a los accesorios LED. Si reemplaza cada lámpara de la casa con una nueva lámpara LED, puede explicar cómo se construye el sistema de iluminación de la casa para la longevidad y cómo se ahorrará en las facturas de electricidad a largo plazo. Busque iniciativas de eficiencia energética financiadas por el gobierno en su estado, ya que muchos estados subvencionarán la compra de ventanas, luces y paneles solares de eficiencia energética. Las siguientes son las actualizaciones más populares que puede instalar en prácticamente todos los hogares de los Estados Unidos:

Mejora ecológica #1) Ventanas energéticamente eficientes

Costo Promedio: $150-300/ventana

Las ventanas tienen un impacto en la penetración del calor que entra y sale de la propiedad, casi tanto como el aislamiento. Si el aislamiento de la propiedad está a la altura de los estándares modernos, las ventanas tienen que estar a la altura para soportar cualquier clima. El clima es cada vez más extremo tanto en verano como en invierno: Los veranos son más calurosos y los inviernos más fríos. Las ventanas más nuevas que tienen una clasificación *"Energy Star"* son deseables y se consideran respetuosas con el medio ambiente. Windows aumentará el valor de la propiedad por un multiplicador de 2x similar a los paneles solares. Las ventanas de vinilo son el punto de partida para los compradores porque son fáciles de instalar y mantener, duraderas, energéticamente eficientes y respetuosas con el medio ambiente. El precio promedio por ventana es de $150-300 dependiendo del tamaño de la ventana. Si la casa tiene 20 ventanas, usted puede reemplazar cada ventana de la casa por tan solo $3000.

Mejora ecológica #2) Paneles Solares

Costo promedio: $10,000-15,000/casa

Los paneles solares son la última actualización en energía verde - algunos estados ahora exigen que para obtener un permiso de construcción cada nueva construcción tenga paneles solares. Se trata de una actualización para todos los estados cálidos, ya que el sol durante todo el año puede proporcionar una fácil eficiencia energética y la inversión se amortiza en tan solo 10 años. Los paneles solares ayudan a cosechar la energía del entorno natural. Para equipar una casa con un 100% de eficiencia energética utilizando paneles solares, usted gastará un promedio de 10,000 a 15,000 dólares por toda la casa. El costo total puede exceder los $20,000 en algunos estados, pero cada estado subsidia los paneles solares, lo que reduce el promedio significativamente. Hay muchos reembolsos y créditos fiscales que puede aplicar a nivel federal y estatal una vez que cambie a los paneles solares. Esto será considerado una actualización importante para todas las casas y lo hará una venta fácil porque el nuevo comprador no tiene que regatear su instalación. El sistema solar promedio con 20 paneles solares solo tardará de 1 a 3 días en instalarse. Esta es una actualización fácil si usted tiene el presupuesto y lo considera necesario en su estado.

¡Cada dólar que invierta en eficiencia energética proporcionará un rendimiento magnífico una vez que sea hora de vender! La única desventaja es que esto no es una prioridad para los cambios de bajo costo. Tampoco es práctico para los estados fríos. Analice cuánta energía consume actualmente la propiedad que está comprando y cuánto ahorrará después de que se realicen las actualizaciones de eficiencia energética. Hay mejoras para cada presupuesto y para la máxima eficiencia energética la persona promedio no tendrá que exceder los $20,000 - que incluye todas las instalaciones de paneles solares, actualizaciones de LED, aislamiento y actualizaciones de ventanas.

Capítulo 6 - Haciéndolo brillar

Reuniendo Al Equipo De Ensueño De Rehabilitación

¡Has financiado los tratos, has firmado los cheques, has comprado tu primera casa! ¡Felicidades! El siguiente paso es reunir su "Equipo ideal" de contratistas, abogados y profesionales de bienes raíces. ¿Quién necesitaría un abogado? Cada transacción financiera que usted haga tendrá que ser documentada por abogados que puedan asegurar que usted no termine con demandas y su contador/CPA se encargará de sus impuestos para mantenerlo a salvo del Tío Sam. Los contratistas pueden hacer que nuestra empresa rompa su acuerdo, y es esencial formar un equipo de contratistas - hay muchas maneras de ahorrar dinero en contratistas que destilaremos a continuación.

En el sector inmobiliario se puede contratar a "Contratistas Generales/GC" que realizan todo el trabajo de rehabilitación a la vez (reestructuración, pintura, suelos, techos) o se puede contratar a subcontratistas para cada una de esas profesiones individuales. Es fácil encontrar a cada uno de esos profesionales - todos están conectados y trabajando juntos. Una vez que usted tiene un amigo que está en bienes raíces, usted puede obtener referencias a contratistas en su área. También existe la posibilidad de buscarlos en línea, ya que muchos contratistas operan exclusivamente en su área inmediata. Es muy raro encontrar un equipo de construcción en California que haya venido desde Florida. El cambio se hace a la antigua usanza sobre una base comunitaria.

Su "Equipo Ideal" tiene que ser ensamblado en base a una base esencial y no esencial. Algunas personas son absolutamente esenciales: Abogados y contratistas. Otras personas no son esenciales:

Agentes inmobiliarios y arquitectos. Las reglas cambian: Los contratistas pueden no ser esenciales si usted está familiarizado con el trabajo de construcción y puede llevar a cabo las reparaciones usted mismo. Sin embargo, para la mayoría de los compradores el trabajo de comercio está fuera de la ecuación porque requiere mucha experiencia y es arriesgado hacer trabajos con los que no estás familiarizado (por razones legales y de seguridad). No cometa errores y termine con una demanda al comienzo de su viaje - contrate a un abogado para que revise cada extremo de la venta, los documentos de compra y la venta de cierre. Hay una razón por la que algunos abogados cobran $500 por hora - una vez que han pasado por alto los detalles de su venta en esa sola hora pueden estimar errores que podrían costarle miles de dólares en costos a largo plazo o una posible demanda.

Recuerde: Usted contrata a profesionales en cada etapa de la venta. Su "Equipo Ideal" no trabajará con usted durante todo el giro. Al principio tendrá que movilizar a un abogado para que revise sus documentos de avulsión y financiación. Una vez que haya obtenido el sello de aprobación de un abogado, puede proceder con la compra. A continuación, tendrá que decidir si desea contratar a un "contratista general" que llevará a cabo todas las reparaciones por usted a un costo negociado, o contratar a subcontratistas para la rama individual de trabajo que usted necesita hacer. Le enseñaremos cómo elegir a los mejores contratistas por el precio más bajo. Si este es su primer proyecto, lo mejor es que contrate a un GC en su área que realice todas las reparaciones de una vez por todas. Los contadores son necesarios después de cada giro para analizar los documentos financieros y estimar sus impuestos antes y después. Los jardineros y los manitas pueden ser necesarios dependiendo del estado de su propiedad. Los arquitectos solo son necesarios si usted planea derribar o agregar espacio que requiere dibujos y permisos especiales. Finalmente, los agentes de bienes raíces pueden ayudarle a vender una casa y hacer todo el trabajo por usted por una comisión. Las siguientes 2 categorías resaltan qué personas necesitará contratar para empezar a trabajar en el cambio de casas:

Profesionales Esenciales

1) Abogados.

El abogado es la pieza más esencial del rompecabezas: Ellos redactan los contratistas antes de que usted compre una propiedad y resuelven la venta una vez que usted ha vendido una propiedad. Ellos pueden identificar fallas en sus contratos que usted nunca supo que existían y/o que podrían conducir a demandas judiciales. Para estar seguro, siempre escoja un abogado que se especialice en bienes raíces en lugar de la práctica general. Los abogados de bienes raíces en su área estarán familiarizados con las leyes locales de zonificación y son especialmente útiles si usted planea agregar o quitar espacio para obtener permisos de construcción. Los abogados le informarán si sus prácticas de cambio cumplen con las leyes locales. Los abogados cobran altas tarifas por hora porque su trabajo exige mucha atención a los detalles y tendrán que revisar el trato primero, además de estar presentes en las inspecciones y cierres. Muchos abogados que empiezan están de acuerdo en trabajar con tan poco como $100-150 la hora porque están tratando de hacerse un nombre por sí mismos. El promedio para un abogado de bienes raíces establecido puede ser de $200-300/h y usted solo los necesita por unas pocas horas cada mes. Algunos abogados aceptarán trabajar por un adelanto de $1000-2000 por cada giro sin importar cuántas horas trabajen.

> **Costo Promedio**: $150-300/h

2) Contadores.

Los contadores y contadores públicos son una pieza esencial del rompecabezas que trabajan junto con los abogados. El contable o "CPA" se encarga de todos sus datos financieros y hace un seguimiento de los impuestos que debe pagar y le aconseja sobre las devoluciones de impuestos que puede cancelar. Si usted contrata a un

CPA, descubrirá en qué artículos ha invertido y en cuáles puede "deducirse" de sus registros de impuestos. Por ejemplo, si usted compra paneles solares, un CPA puede decirle cuánto puede amortizar por esa compra en su estado y ahorrarle dinero. Ellos pueden ayudarlo a establecer la estructura de su negocio, archivar todos sus impuestos por usted y asegurar que sus documentos financieros estén en orden para los compradores que hacen múltiples compras por año. La mayoría de los CPA requerirán 1 o 2 horas al mes para manejar sus documentos y ofrecer "planes mensuales" o usted puede pagar anualmente $1000-2000 a un CPA para tenerlos a su disposición y archivar sus documentos el 15 de abril.

➢ **Costo promedio**: $500-1000/año

3) Contratistas Generales/CG.

¡La pieza más esencial del rompecabezas una vez que se resuelven sus documentos legales son las personas que realmente realizan las renovaciones! Los Contratistas Generales o "GC" en resumen pueden supervisar todo su esfuerzo de rehabilitación y una sola persona contrata a sus propios profesionales calificados que pueden reparar una propiedad rápidamente sin involucrar a múltiples equipos. Los contratistas generales se especializan en todos los oficios a la vez y sus equipos tienen experiencia en todo tipo de renovaciones. Pueden renovar la cocina, el baño, los pisos, el espacio para desmontar o añadir, o cualquier cosa necesaria para completar su renovación. Esto disminuye el potencial de error ya que una sola tripulación está a cargo de las renovaciones y usted no tiene que lidiar con un conjunto de subcontratistas, uno de los cuales podría resultar poco confiable. Una vez que haya encontrado un contratista general, solo tiene que preocuparse por la venta de la propiedad, ya que ellos realizarán todas las renovaciones sin que usted tenga que mover un dedo. Los contratistas generales no cobran honorarios por hora, pero se conforman con un costo fijo de renovación basado en su presupuesto y sus costos estimados: Ellos le darán una oferta y si usted está de acuerdo con la oferta ellos llevarán a cabo todas las renovaciones dentro de ese rango de presupuesto.

➢ **Costo Promedio**: Negociado

Profesionales no esenciales

1) Agentes de bienes raíces.

La mayoría de las casas en los Estados Unidos se venden a través de agentes de bienes raíces: Estos son profesionales licenciados que se especializan en el proceso de venta de una casa. Ellos se encargan de todos los listados/mercadeo, presentaciones, exhibiciones y aseguran una venta final en la propiedad. Los agentes de bienes raíces cobran comisiones significativas por su trabajo y algunos agentes de bienes raíces pueden tomar 6% en la venta de una casa (3% para el agente de bienes raíces del comprador y 3% para el agente de bienes raíces del vendedor). Sin embargo, su conocimiento de los datos de mercado de los barrios, las tácticas de venta y la equidad del sudor compensan sus comisiones (que son negociables). Los agentes de bienes raíces son pagados por vendedores/vendedores y si usted decide contratar a un agente de bienes raíces, tendrá que pagarlos de su propio bolsillo en base a una tarifa pre acordada. Los agentes de bienes raíces son útiles para las personas que tratan de arreglar múltiples propiedades que no tienen tiempo para tratar con los compradores de primera mano.

➢ **Coste medio**: 6%/venta

2) Jardineros

Los jardineros aumentan el atractivo de la propiedad y hacen que el aspecto exterior sea más atractivo para los compradores. Los jardineros son generalmente contratados en base a la necesidad, ya que solo son necesarios una vez que se han llevado a cabo las reparaciones finales y es necesario dar los últimos retoques a la propiedad. La jardinería básica, como cortar el césped, es algo que usted puede hacer por su cuenta, pero los jardineros pueden ayudar a regenerar el césped muerto o a cubrir los parches amarillos. También pueden colocar las plantas, podar su jardín existente y asegurarse de que todo sea adecuado y esté listo para la venta. El jardinero promedio trabajará por $60/h sin incluir los materiales.

> **Costo promedio**: $50-70/h

3) Arquitectos.

Los arquitectos no son esenciales en el "cambio de casas" porque los arquitectos diseñan lo nuevo - usted está comprando y vendiendo propiedades existentes. Los arquitectos se especializan en diseñar y estimar el tamaño estructural para asegurar que el edificio sea estructuralmente sólido y que su trabajo sea necesario antes de que el equipo de construcción comience a trabajar. Sin embargo, una vez que la casa está construida, los arquitectos solo son necesarios una vez que se necesita eliminar una habitación o cambiar la estructura o añadir más espacio en el exterior. Los arquitectos también son contratados en base a las necesidades y pueden ser bastante costosos con un promedio de $100/h. Muchos arquitectos aceptan trabajar por un precio fijo y están abiertos a negociaciones.

> **Costo Promedio**: $70-150/h

4) Hombres de mantenimiento.

Los manitas son trabajadores generales que te dan una mano (como su nombre indica) y técnicamente un manitas podría ser tu padre, cuñado, esposa o el estudiante que vive en la calle y necesita unos cuantos dólares extra. Los manitas serán esenciales porque muchas veces usted necesita a alguien que le ayude a pintar las habitaciones, arreglar los agujeros, instalar nuevos gabinetes y cambiar el interior de la casa. Un manitas no necesita ser licenciado ya que en su mayor parte estará asistiendo con trabajo regular. Handymen puede ser contratado en Internet y muchos tienen una amplia experiencia en la construcción y puede ayudarle con todas sus necesidades. El promedio que usted debe pagar a un manitas es de $30-60/h y tratar de hacer todo lo posible en esas horas para sacar el máximo provecho de su dinero.

> **Costo Promedio**: $30-60/h

5) Asistentes.

Una vez que haya logrado un gran éxito en el cambio y esté comenzando a hacer de 5 a 10 cambios al año, contrate a un asistente personal que pueda estar presente en el lugar con usted y ayudarle con sus actividades diarias. Este debe ser alguien en quien puedas confiar y se recomienda contratar dentro de tu familia para que no te engañen. Un asistente es una persona que estará con usted en el lugar de trabajo, tratando con contratistas, reuniéndose con financieros, cerrando tratos y entregando sus papeles a abogados. Un asistente puede quitarte el 50% de la carga de trabajo de tu espalda. Por eso es mejor contratar dentro de la familia - si su sustento depende del trabajo, estarán mucho más motivados.

> **Costo Promedio**: Negociado

¿Cómo encuentra a los contratistas generales, abogados y subcontratistas individuales? La respuesta: Anuncios clasificados en su área local. En la mayoría de los casos se puede pasar por una obra y pedir a los trabajadores que vean al "jefe" y charlen con él: Ellos le darán referencias para contratistas generales en su ciudad. Asegúrese de que los contratistas que contrate tengan licencia y experiencia - deben tener el conocimiento para llevar a cabo las tareas profesionales para las que usted los contrata. Esto le ahorrará dinero porque no tendrá que pagar por el mismo trabajo dos veces.

Cómo Encontrar El Mejor Contratista Para Su Propiedad

El cambio de casas es un esfuerzo de equipo y todas las personas que cambian las casas con experiencia contratan a contratistas en un determinado momento. No hay reglas escritas en piedra: Uno podría comprar una casa, renovarla ellos mismos y venderla por su cuenta, sin tener en cuenta los honorarios del contratista y del agente inmobiliario. Sin embargo, en la práctica es mejor contratar a profesionales que lleven a cabo un trabajo de alta calidad y le den tiempo para concentrarse en múltiples proyectos a la vez. Contratar contratistas es la pieza más difícil del rompecabezas, ya que tendrá que hacer casi tanta investigación como lo hizo al comprar una casa. Los contratistas supervisarán todas sus rehabilitaciones y renovaciones y un contratista general puede proporcionar el material, la mano de obra, el equipo y las herramientas y prestar todos esos servicios a la vez.

Contratistas generales contra subcontratistas

Las escuelas de pensamiento que cambian de opinión difieren en todo el "debate" de los subcontratistas de GC. Se sabe que los GC hacen las cosas a la vez, pero los subcontratistas se consideran económicos, ya que solo se contratan "según sea necesario". Un buen GC puede llevar a cabo todas las renovaciones a un precio fijo sin sobrecargarle por sorpresas inesperadas. Los contratistas generales son mejores para los compradores que quieren tomar un enfoque más "manos fuera" y se centran en la financiación de múltiples proyectos a la vez. Ahorran tiempo y permiten que un cambio se concentre en asegurar más finanzas, encontrar compradores y localizar nuevas propiedades. Sin embargo, los subcontratistas son mejores si usted sabe que su propiedad solo requiere una o dos reparaciones y puede contratar subcontratistas para esas reparaciones específicamente.

Los GC tienen "equipos" que pueden enviar a su ubicación y rehabilitar la propiedad de una sola vez. El jefe contará con un equipo de personas que él mismo dirige bajo su tutela y asignará el trabajo en función de las necesidades de su propiedad. El beneficio para los compradores es que usted solo paga a un contratista por toda la renovación. De esta manera, ¡usted no tiene que buscar y contratar subcontratistas individuales cada vez que necesite pintar una habitación, instalar un lavabo o cambiar el piso - el GC se encarga de todo eso por usted! Los contratistas generales pueden ser bastante grandes y muchos de ellos trabajan en múltiples propiedades a la vez, manejando cientos de trabajadores. Pueden cambiar los empleados de un lugar de trabajo a otro. Si un carpintero termina un trabajo en una propiedad determinada y su propiedad requiere un carpintero, pueden ser enviados a su ubicación.

Para finalizar el debate, hágase la siguiente pregunta: "¿Son mis cambios cosméticos?". Si los cambios que necesita en su propiedad son cosméticos, no necesita un GC. Si las renovaciones se centran en mejoras de la cocina (sustitución de fregaderos, electrodomésticos, encimeras, islas de cocina, etc.), renovaciones de baños (inodoros, mostradores, espejos, lavabos), trabajos de pintura (interior y exterior), cambios de piso (pisos nuevos) y jardinería - usted puede hacer estas actualizaciones "cosméticas" por sí mismo o con la ayuda de unos pocos subcontratistas. Si las renovaciones son más grandes y requieren trabajo en los cimientos de la propiedad y/o añadiendo espacio, debe contratar a un contratista general.

Los contratistas generales pueden trabajar con arquitectos y pueden llevar a cabo demoliciones o adiciones dependiendo de lo que usted necesite - ellos le ayudarán a poner en orden los planos y a obtener los permisos de construcción que necesita de su municipio antes de construir. Cambios significativos tales como añadir metros cuadrados, derribar paredes, añadir habitaciones, cambiar techos, cambios en los cimientos, etc., todos ellos requerirán de Contratistas Generales.

Cómo descubrir a los contratistas

La industria de bienes raíces está "pasada de moda" y la mayoría de las conexiones en el negocio se hacen a través de la interacción de la vida real con los contratistas y las referencias. Tendrá que asistir a conferencias, estrechar la mano, llamar a la gente y/o visitar las obras de construcción.

> ➢ **Referencias**. Únase a su grupo local de inversión inmobiliaria o asista a conferencias donde podrá conocer gente. Una

referencia puede ser dada por virtualmente cualquier persona: Compañero emprendedor, cambiando a la competencia, o incluso a tu vecino. Pregunte a los inversionistas de bienes raíces en el área con quién han trabajado y de quién pueden dar fe. En muchos casos, usted escuchará los mismos pocos nombres que usualmente las grandes empresas dominan un área determinada. Preguntar sobre la eficiencia y el presupuesto del contratista (especialmente cuando se contrata a un GC). Pregunte si terminaron los proyectos a tiempo, ya que las demoras pueden costarle miles de dólares y pregunte por el presupuesto total. Si es posible, visite las propiedades en las que los GC han trabajado en el pasado.

➢ **Visite las obras de construcción**. Si usted ve un sitio de construcción en su trayecto diario, estacione su auto y hable con los trabajadores allí o hable con el jefe si él está presente en el sitio de trabajo. Marque a un trabajador y haga una simple introducción. Diga que va a necesitar reparaciones y pregúnteles cómo puede ponerse en contacto con su compañía para posibles trabajos. Probablemente te pondrán en contacto con su jefe y te darán una tarjeta, lo que te permitirá investigarlos en línea y analizar su trabajo anterior.

➢ **Visite los "departamentos de construcción"**. Cada ciudad tiene un "departamento de construcción" local que hace un seguimiento de las empresas a las que se les concedieron permisos de construcción - de esta manera se pueden analizar las empresas que están en funcionamiento en ese momento y que actualmente están comprometidas con los proyectos. Es posible que una empresa haya quebrado si se le concedieron permisos hace 3 años y necesita datos recientes de los últimos 3-6 meses. Todos los Contratistas Generales tienen que solicitar permisos para realizar cierto tipo de trabajo (en su mayoría para agregar/remover habitaciones) y estos tienen que pasar inspecciones por parte de los agentes de la ciudad. Si a un contratista se le concedió un permiso, eso significa que está haciendo un trabajo de primera clase que cumple con los códigos de construcción locales. El departamento de construcción puede proporcionarle información sobre todos los contratistas que trabajan actualmente en su área.

> **Investigación en línea.** Comience con Google y busque "Contratista general + [su ciudad]" para encontrar una lista de contratistas generales operativos en su área. No es recomendable optar por los primeros listados porque son los más populares y cobran las tarifas más altas. Busque contratistas menos conocidos que tengan una buena reputación. Una excelente fuente para los contratistas y subcontratistas locales es Craigslist - la publicidad allí es gratuita y es fácil descubrir a muchos contratistas que trabajan. Únete a foros de bienes raíces donde los compradores comparten información privilegiada y pueden ayudarte con cualquier problema que encuentres.

Contratar a contratistas con licencia

Solo contrate contratistas con licencia y asegurados: los GC no son trabajadores manuales que pueda contratar mientras viaja. Su contratista debe tener licencia para operar en su estado y debe tener seguro en caso de que algo salga mal en su propiedad (¡para que usted no pague de su bolsillo!). Un contratista debe ayudarle a crear una hoja de precios que incluya los precios por pie cuadrado para cosas como pintura, pisos, alfombras. La hoja debe incluir artículos que necesitan ser reemplazados como ventanas, accesorios, persianas, puertas, electrodomésticos y más. Los elementos esenciales tienen que ser "pre acordados", por lo que el contratista no le sorprenderá con cargos adicionales. Muchas veces usted no trabajará con los mismos contratistas por más de 6 meses o un año - los contratistas van y vienen. Informe a sus contratistas sobre la cantidad exacta que usted puede pagar para asegurarse de que su trabajo esté dentro del alcance de su presupuesto.

Consejo: Usted solo negocia con su contratista el primer giro. Tómese su tiempo para acordar el precio más bajo posible. Si el contratista tiene éxito, los próximos trabajos no requerirán negociaciones, ya que usted ya ha acordado los precios preestablecidos.

Cómo pagar a los contratistas

Hay dos maneras de pagar a los contratistas: Semanalmente o según el trabajo que hayan realizado. Ciertos trabajos pueden tomar más tiempo del que usted planeó inicialmente, y usted solo debe pagar en base a los resultados. Negarse a pagar a los contratistas por adelantado porque podrían tomar su dinero y no completar el trabajo. Asegúrese de compensar a sus contratistas por cada hito cumplido. Si han terminado la cocina - págales por la cocina. Si el renovar toda la casa - pagarles por toda la casa. Nunca pague por adelantado por un trabajo que no ha sido completado.

Haz Que Brille Mientras Minimizas Los Costos

Usted está listo para llamar a los contratistas y negociar los precios: ¿Cómo se puede saber cuáles son los que van a hacer el mejor trabajo al mejor precio? ¿Cómo sabe si un contratista le cobrará de más o le hará un trato justo? En muchos casos no hay nada que usted pueda hacer con respecto a un mal contratista una vez que haya acordado un precio - esta es la razón por la que debe hacer una referencia cruzada de varios contratistas por adelantado. Hay muchos métodos que puede emplear para ahorrar dinero por adelantado, como invertir en herramientas eléctricas que no tendrá que alquilar para el trabajo. Si dispone de las herramientas necesarias, puede ver los tutoriales e intentar realizar el trabajo usted mismo. Incluso si usted contrata a contratistas, ellos apreciarán tener un juego extra de herramientas a su lado. Además de invertir en herramientas eléctricas (¡importante para todas las renovaciones!), puede contratar contenedores de basura para los residuos que se acumularán en la propiedad y evitar los recargos de un contratista que traiga una. Las siguientes son las mejores maneras de hacer que su propiedad brille sin gastar mucho dinero:

Regla de Oro #1) Llame a 3 Contratistas a la vez

Usted es nuevo en el negocio - si contrata el GC que encuentra, hay un 50% de probabilidad de que obtenga un beneficio y un 50% de probabilidad de que le cobren de más y le envíen su inversión en una espiral descendente. ¿Cómo deciden a qué contratista acudir? ¡Haz que entren en una guerra de ofertas! Reúna una lista de los contratistas más apropiados en su área según su tarifa y llámelos individualmente. Describa su propiedad y sus necesidades al contratista y una vez que tengan sus datos haga la pregunta mágica: "¿Cuál es tu oferta?". El contratista le dará un estimado aproximado basado en los materiales necesarios, el alcance del trabajo y el tiempo necesario. Incluso pueden revelar ciertos detalles sobre el trabajo que usted no sabía que eran necesarios. La mayoría de los contratistas pujan por el pie cuadrado. Por ejemplo, un contratista de pisos le dirá cuánto cuesta el piso por pie cuadrado y la mano de obra por cada pie cuadrado ensamblado. Una vez que tenga 3 ofertas separadas, puede tomar su decisión en función de cuál es la más baja o la mejor para el trabajo. ¡Las llamadas son una verdadera revelación porque puede sentir cuán sincero y conocedor es el contratista sobre el trabajo! Cuanto más personal sea su interacción, más sabrá qué esperar de ese contratista.

Regla de Oro #2) Pregunte sobre la estructura de honorarios

Si usted tiene una idea general de los costos, tiene que preguntar sobre la posible estructura de honorarios para entender si el contratista está familiarizado con la venta de casas y la repetición de negocios que usted puede proporcionarles. Cuando se ponga en contacto con un contratista pregúntele cuánto le cobrarían por completar un trabajo para una casa de 1,500 pies cuadrados. Digamos que necesita un trabajo de pintura completo para la casa que incluya los techos. Un "buen" precio para un trabajo de pintura de ese tipo sería de $1/pie cuadrado o alrededor de $1,500 en total por el trabajo. El contratista le cotizará basándose en el tamaño de la casa y si cotiza el doble ($3,000) usted sabe que no es el contratista adecuado para usted. ¡Lo que son buenas noticias! Porque significa que está listo para pasar a un contratista más elegible que conoce el valor de los negocios repetidos. Siempre pregunte en términos de pies cuadrados: Si aún no ha comprado una casa, invente un número al azar tal como 1,500 pies cuadrados o 2,000 pies cuadrados.

Ahorro de dinero #1) Planificación libre

La mejor parte de los grandes almacenes en los que se compra mercancía es que muchas veces ofrecen una "planificación libre". Esto le ahorrará una gran cantidad de dinero a los diseñadores de interiores una vez que esté listo para renovar el gran 3: El cuarto de baño, los dormitorios y la sala de estar. La mayoría de las tiendas de mejoras para el hogar que visite tendrán diseñadores a su disposición que le ayudarán a elaborar un plan gratuito si compra sus materiales en la tienda. Asegúrese de que la tienda en la que va a comprar tenga una "consulta de diseño" gratuita. En esencia, usted está recibiendo un diseñador de interiores gratuito que rediseñará la forma de su interior sin costo alguno.

Ahorrador de dinero #2) Compra de materiales en exceso

Visite la tienda local de suministros para la construcción o una gran ferretería que abastezca a una gran parte del mercado de hardware en su área. Por lo general, esas tiendas tienen mercancía "sobrante" que se encuentra en sus islas traseras. Una vez que esté en la tienda, pida hablar con el pesebre y luego pregunte sobre los artículos que necesita que están en su inventario. Es posible comprar artículos con exceso de existencias con descuentos de hasta el 50% si solo se compromete con el gerente. Esto es esencial una vez que esté comprando herramientas eléctricas para su primer cambio.

Ahorro de Dinero #3) Compra de herramientas eléctricas

¡Solo tienes que hacerlo de una vez! El costo promedio de la herramienta eléctrica oscila entre $50-100 y usted puede comprar un juego completo de herramientas eléctricas que puede usar en su trabajo por tan solo $1,000 - usted estará usando estas herramientas eléctricas durante años. Cuando le pagas a un contratista, estás pagando por sus herramientas indirectamente. Si alquilas herramientas, tienes que devolverlas y no puedes reutilizarlas en futuros trabajos. Una vez que compras tus propias herramientas, ¡están ahí para siempre! Si prefiere ahorrar en sus renovaciones y es un tipo de DYI, las siguientes son las herramientas más esenciales que necesitará para cambiar de trabajo:

- **Lavadora de alta presión** (para limpiar las cubiertas/colocación/exterior): $100-200.
- **Rodillo eléctrico** (para pintar interiores): $50-100.
- **Taladro inalámbrico** (para trabajos de perforación): $50-100.
- **Pistola de tornillos** (para atornillar lugares "difícil de hacer"): $30-100.
- **Sierra circular** (para todo tipo de corte de madera): $50-200.
- **Pistola de clavos** (para clavar): $150-400.
- **Pistola de calor** (para rayas de pintura y papeles pintados): $100-200.
- **Lijas** (para lijar arañazos en la madera): $100-200.
- **Sierra de sable** (si la sierra circular no es suficiente): $50-150.

Ahorro de dinero #4) Contrate estudiantes

Los jóvenes están dispuestos a trabajar por mucho menos que un contratista establecido - en muchos casos los jóvenes aceptarán trabajar un día completo por un pago de 50 dólares. Usted puede contratar a estudiantes que buscan trabajo para hacer trabajos básicos como deshierbar, limpiar, aspirar o lavar ventanas.

5) Alquile un contenedor de basura

La renovación es un trabajo "desordenado" - usted se quedará con una montaña de basura una vez que haya terminado y debe deshacerse de ella. Los contratistas generales aplican cargos adicionales por los contenedores de basura que alquilan y transportan a un vertedero. Muchas compañías alquilan contenedores de basura donde los trabajadores pueden deshacerse de la basura por una cuota mensual. Si usas la misma empresa de alquiler de basureros te pueden dar descuentos por ser un cliente fiel.

Capítulo 7 - Cómo completar el cambio de casa

La Ventaja De Vender Su Propiedad Usted Mismo Vs. A Través De Un Agente De Bienes Raíces

¡Usted lo ha logrado - su casa de $50,000 ahora vale $100,000! El dinero que invirtió en la casa ahora se refleja en la brillante cocina, los baños de los suburbios y el interior actualizado. Usted ha completado cada paso de la renovación y está listo para vender la casa y cobrar su cheque de pago. ¿Debería usted dar el promedio de 6% de comisión (el equivalente a $6,000) a los agentes de bienes raíces? ¿Debería hacer un listado de "en venta por el propietario" para ahorrarse ese 6% en las comisiones de los agentes de bienes raíces? ¡Decisión!

¿Cuáles son las mejores maneras de ahorrar dinero y vender una casa? Hay 2 formas principales de vender una casa: 1) A través de un agente inmobiliario y 2) Por su cuenta (para la venta por el propietario - "FSBO"). Si usted elige a un agente de bienes raíces, le está dando permiso para que se haga cargo de todo el proceso de venta: La puesta en escena, el marketing y la venta. También le está dando al agente inmobiliario un recorte al final de la venta que se determina por un porcentaje fijo de hasta el 6% del precio total de venta. Los agentes de bienes raíces son contratados para casas más caras en promedio. En el 2008 un estudio realizado por la Asociación Nacional de Agentes de Bienes Raíces determinó que el precio medio de una casa vendida por un agente de bienes raíces era de $211,000 mientras que el precio medio de venta por propietario era de $153,000. ¿Significa esto que los propietarios no pueden vender casas sin un agente inmobiliario? ¡Definitivamente no! Hay numerosas maneras de vender una casa por su cuenta y ahorrar miles de dólares en un agente de bienes raíces. Sin embargo, contratar a un agente de bienes raíces conlleva numerosos beneficios en términos de eficiencia y tiempo - es casi como contratar a su propio asistente personal.

Los siguientes son los beneficios de contratar a un agente de bienes raíces que usted nunca supo que existía:

Ventaja del agente de bienes raíces #1) Los agentes de bienes raíces del comprador no mostrarán los listados de FSBO

Los agentes de bienes raíces que ayudan a los compradores a comprar casas pueden negarse a mostrar los listados FSBO (para la venta por el propietario). Esto se debe a que saben que no va a haber otro agente de bienes raíces que pueda conocerlos y ayudarlos con el otro extremo de la transacción. El agente del comprador puede negarse a mostrarle su casa a un comprador incluso si el comprador está tratando de hacer que vaya a visitarlo.

El agente de bienes raíces citará que tratar con los listados de FSBO es peligroso para sus clientes y que no deben comprar casas sin un representante para el vendedor. Quieren obtener una comisión garantizada y están cansados de listados que no tienen agentes inmobiliarios que les den la mano en el otro extremo. Si usted decide vender la casa por su cuenta, debe tener en cuenta que otros agentes de bienes raíces se verán desanimados por su casa y sabrán cómo venderla directamente a los compradores.

Ventaja del agente de bienes raíces #2) Los agentes de bienes raíces están emocionalmente separados

Vender la casa puede ser una pérdida emocional porque usted ha invertido meses de trabajo en la propiedad - usted estará tentado de deshacerse de la propiedad en la primera oferta de oferta decente. Los agentes de bienes raíces saben cómo negociar para obtener el precio más alto para cada casa. Cuando usted contrata a un agente de bienes raíces, se le quita el aspecto emocional cotidiano de tratar con los clientes de primera mano y esto lo hace menos propenso a tomar decisiones estúpidas. Las decisiones "estúpidas" incluyen sobrevalorar la casa, no contrarrestar las ofertas bajas porque usted está ofendido por una oferta baja, o agilizar la toma de decisiones si usted establece plazos para la venta. Un agente inmobiliario no tendrá la sensación de desesperación que un comprador que ha invertido 6 meses en la propiedad lo hará. Si usted vende la propiedad, es probable que revise nerviosamente su teléfono en busca de señales (mensajes de compradores, consultas, etc.) y esto puede afectar su juicio y su toma de decisiones. Retírate del proceso.

El rechazo es un gran negativo también - si un agente de bienes raíces trae a un cliente y usted les muestra la casa, pero luego deciden que no quieren comprar la casa, el agente de bienes raíces tendrá que aceptar ese rechazo. El agente inmobiliario solo le informará una vez que se venda la propiedad y no le informará de las reuniones individuales cuando fueron rechazadas. Puede ser molesto escuchar algunos de los comentarios de compradores potenciales si usted mismo renovó la casa y es por eso por lo que una persona neutral, como un agente de bienes raíces, puede ayudar al mantener la cabeza fría cuando muestra la propiedad a los posibles clientes.

Ventaja del agente de bienes raíces #3) La Venta Requiere Reuniones 24/7

Vender una casa es un trabajo de tiempo completo. Los agentes de bienes raíces trabajan las 24 horas del día para mostrar cada propiedad individual dependiendo de cuándo estén disponibles los compradores. ¿Qué pasa si alguien te llama para ver la casa y estás atascado en el trabajo? Te pierdes una pista potencial. ¿Qué pasa si usted está en una reunión y recibe una llamada de un comprador con preguntas sobre la casa? No te puedes molestar con eso. Si está trabajando todo el día (especialmente en múltiples propiedades), ¿tiene la energía para explicar a los compradores cada aspecto individual de una casa una y otra vez? ¿Tiene usted habilidades de marketing para mostrar cada una de las características individuales de la casa? Esto es lo que hace un agente de bienes raíces - trabajan las 24 horas del día vendiendo propiedades y reuniéndose con los clientes individualmente. Su trabajo es comprar propiedades, renovarlas y cobrar. Los agentes de bienes raíces son invaluables cuando usted está atado entre múltiples propiedades y no tiene tiempo para vender cada una de ellas.

Los agentes de bienes raíces les darán a los clientes como usted una caja de seguridad para la puerta de entrada que les permite mostrar la casa a los compradores cuando no esté. Una vez que todas las renovaciones hayan comenzado, usted ya no tendrá una razón para quedarse en la propiedad y el agente de bienes raíces puede hacerse cargo del procedimiento de venta.

Desventaja del agente de bienes raíces #1) Los agentes de bienes raíces se llevan una gran parte

La única desventaja de contratar agentes de bienes raíces es su comisión. ¿Debería contratar a un agente de bienes raíces? Depende de tus prioridades: Si quiere ahorrar dinero, sobre todo, una comisión del 6% le sentará mejor en su bolsillo. Si usted está financiando múltiples cambios y no tiene tiempo para jugar con cada comprador potencial, debe contratar a un agente de bienes raíces para que le quite el peso de la espalda. Le recomendamos que se venda usted mismo en el primer giro, ya que se quedará con más dinero y aprenderá los pormenores de la venta de casas. Si contrata a un agente inmobiliario de inmediato, se perderá la oportunidad de interactuar con los compradores y las lecciones que se derivan. La razón principal para contratar a un agente de bienes raíces es para ahorrar tiempo: Ellos hacen todas las ventas, preparan el trabajo y se encargan de los prospectos para usted. Si usted está en medio de 5 propiedades, usted quiere que un agente de bienes raíces se encargue del proceso de venta por usted y le permita concentrarse en la renovación de propiedades. Lo contrario es cierto: Si usted es nuevo en el negocio, puede ahorrar miles de dólares si NO contrata a un agente de bienes raíces.

Consejo: Ten paciencia. Si usted ha hecho renovaciones exitosas y ha fijado el precio de la casa apropiadamente, las ofertas llegarán. Es posible que no le gusten ciertas ofertas y que tenga que esperar semanas después de haber empezado a anunciar la casa para obtener una oferta adecuada. Permanezca paciente y ponga un precio realista a su casa, y probablemente obtendrá una venta rápida (¡menos de un mes!).

5 Mejores Estrategias De Marketing Para Bienes Raíces

Usted está listo para hacer una lista de la casa y empezar a recibir ofertas. Es hora de comercializar su propiedad de manera agresiva - si usted ha elegido renunciar a un agente de bienes raíces, estará compitiendo con cientos de agentes de bienes raíces en su área. Usted debe programar la colocación de su casa en los sitios web de bienes raíces más populares, subir las fotos, comunicarse con los compradores, programar exposiciones y cerrar la venta usted mismo. Estas son todas las cosas que su agente de bienes raíces hará una vez que usted las contrate, pero usted puede unirse al proceso y contribuir con las suyas propias para hacer que la venta sea más fácil. Las estrategias de mercadeo se pueden aplicar incluso si usted contrata a un agente de bienes raíces, ya que esencialmente utilizarán las mismas estrategias de mercadeo - la única diferencia es que la propiedad es más "de prestigio" si se vende a través de un agente de bienes raíces y los agentes de bienes raíces conocen a los compradores en persona Hay muchas cosas que puede hacer antes de aplicar el marketing, como contratar fotógrafos, escribir buenas descripciones, fijar el precio de la casa adecuadamente y filtrar a los compradores.

Preparar Paso #1) Tomar fotos profesionales

La primera impresión importa no solo por el atractivo de la acera cuando los compradores llegan para una presentación, sino también por Internet cuando están hojeando cientos de anuncios. ¡Usted quiere que su anuncio destaque! Para que esto ocurra, es necesario contar con profesionales que tomen fotografías profesionales. La sesión de fotos de su iPhone puede hacer el trabajo, pero un fotógrafo profesional tendrá una amplia gama de objetivos y equipos que pueden mejorar los colores de la propiedad y hacer que se vea aún mejor que en la vida real. La mayoría de los fotógrafos también tienen drones que pueden tomar fotos aéreas para mostrar el vecindario circundante si se encuentra en una zona privilegiada. Las fotos aéreas pueden acelerar la venta de una propiedad por un margen del 30%. La mayoría de los fotógrafos son baratos y no le cobrarán más de unos pocos cientos de dólares por la toma y el post-procesamiento. Por el impacto que pueden tener en la venta de una propiedad, la fotografía profesional es imprescindible.

Preparación Paso #2) Escribir descripciones creativas

La primera cosa que la gente nota una vez que abren su listado es la descripción - ellos quieren ver si esto cautiva su atención. Usted no solo quiere escribir "2 dormitorios y 2 baños por $ 200,000". Desea escribir "¡Casa de ensueño de 2 dormitorios y 2 baños, a 5 minutos de la [Ciudad de Atracción] por solo $ 200,000!". Eche un vistazo a docenas de propiedades y observe qué descripciones se destacan. Copie el estilo de escritura de esas descripciones y reemplácelas con su propia información. Si el anuncio cautivó su atención, tendrá el mismo efecto en otro cliente potencial. Asegúrese de verificar los errores de ortografía y corrija su **Paso previo #3) Establecer precios inteligentes**

Los precios de las casas en Internet no funcionan igual que en las tasaciones de la vida real. Cuando usted se encuentra con un tasador y/o compila su lista de "ventas compras" usted obtendrá una tasación de valor general - esto no significa que usted debe usar esa tasación como el precio de venta de la casa. Lo que vende una casa en Internet es un "precio inteligente". En lugar de listar la casa por $200,000 es mucho más efectivo listarla por $199,999. ¿Qué impacto tendrá esto en la venta? En muchos sitios web, la gente reduce su búsqueda en función del precio. Si buscan hasta $200,000, no podrán ver su listado. Los precios inteligentes ayudan a crear una sensación de "asequibilidad" porque la propiedad parece más asequible para la persona promedio que el precio total.

Paso de preparación #4) Filtrar compradores

El principal problema de los sitios web inmobiliarios en línea es que están abiertos a todo tipo de compradores: Usted podría obtener intereses de compradores que no son económicamente capaces de comprar una propiedad. Esta es la razón por la que los agentes inmobiliarios filtran a los compradores por adelantado: El agente inmobiliario del comprador revisa sus finanzas para asegurarse de que están "calificados" y luego envía pistas calificadas al agente inmobiliario del vendedor basándose en el rango de precios para hacer una venta rápida. Ellos a cambio obtienen un 3% cada uno de la venta. Internet es el "salvaje oeste" en términos de perspectivas, porque nunca se sabe si realmente van en serio o si te hacen perder el tiempo. Contratar a un agente de bienes raíces que tenga conexiones con otros agentes de bienes raíces puede ayudarle a ahorrar tiempo enviando solo compradores calificados a su localidad.

Las 5 mejores estrategias de marketing para bienes raíces

Si usted ha completado con éxito el trabajo creativo (fotografía, redacción publicitaria, precios), es hora de hacer que su propiedad sea visible para los futuros clientes potenciales. Incluso si su propiedad está en perfecto estado, usted tiene las mejores fotos/fotografías aéreas, tiene una buena copia de ventas y precios - nadie sabrá que su propiedad existe a menos que usted la liste en grandes sitios web en línea. Las siguientes son las mejores maneras de comercializar una propiedad en Internet (¡todas gratuitas!):

Estrategia de Marketing #1) lista de sitios web de bienes raíces

Para listar su propiedad en línea, comience con los sitios web más grandes - el más prominente de los cuales es Zillow. Zillow actualmente tiene más de 100 millones de propiedades en venta en los Estados Unidos que incluyen casas, condominios, edificios comerciales, ejecuciones hipotecarias y más. Zillow puede estimar el precio de una propiedad usando listados similares y tienen datos para cada código postal en los Estados Unidos. Su base de datos es enorme y reciben docenas de millones de visitantes cada día. Un listado en Zillow expondrá su propiedad a miles de compradores potenciales en su área inmediata. El Grupo Zillow también es propietario de Trulia.com, que es uno de los principales actores de la industria inmobiliaria. Actualmente los listados en Zillow son gratuitos y le permiten subir fotos, videos e información clave sobre la propiedad. Los compradores tendrán acceso a su información de contacto y la posibilidad de llamarlo/correo-e para enviarle ofertas.

Estrategia de Marketing #2) Lista de sitios web de anuncios clasificados

Los sitios web clasificados más grandes en Internet son Craigslist y Nextdoor: Ambos son sitios web muy frecuentados por personas que desean comprar una casa. Craigslist en particular es el sitio web de anuncios clasificados más grande del mundo y sus listados son gratuitos, y usted puede volver a crear listados una vez que sus antiguos listados expiren. Craigslist le dará la exposición a la gente en su área que busca comprar la propiedad y puede hacer para una venta rápida.

Estrategia de Marketing #3) Anuncios impresos de la vieja escuela

Comercialice a la antigua usanza - imprima anuncios y póngalos en el vecindario inmediato. ¡Las personas más interesadas en propiedades en su área van a ser las personas que ya residen allí! Muchas veces la gente está en busca de casas de segunda inversión que pueden comprar y/o pasar a sus hijos. Si están ubicados justo donde viven, es más conveniente para ellos porque podrán mantenerse en contacto con la familia. Usted puede imprimir una foto de su casa, hacer una lista de detalles básicos/precio de venta y enlucirla por todo el vecindario, tales como parques locales, estaciones de autobuses, puestos de electricidad y más. Verá anuncios así todo el tiempo porque esta estrategia de marketing sigue siendo eficaz. Si quiere dar un paso más, contrate a un diseñador para que haga un folleto con su propiedad que destaque los detalles de cada habitación y organice "Jornadas de Puertas Abiertas". Su agente de bienes raíces puede ayudarle a organizar días de puertas abiertas que durarán desde la mañana hasta la tarde, típicamente los fines de semana. Esto deja la casa abierta para todos los que quieran visitarla en persona.

Estrategia de Marketing # 4) Hacer un video de YouTube

Usted no tiene que ser Scorsese para hacer un *"House Tour"* para YouTube. Para hacer un video de YouTube, todo lo que tienes que hacer es grabar un paseo por la propiedad: Esto aumentará dramáticamente su interés en línea porque la gente tendrá la sensación de que ya está en la casa. También reducirá la lista de personas que están realmente interesadas en comprar la propiedad porque no serán sorprendidos una vez que pisen la propiedad.

A muchos compradores no les gusta una casa una vez que están en una exposición porque no saben qué esperar - solo han visto unas pocas fotos. Si un comprador ve una visita guiada a su casa y todavía está interesado, esto significa que es más probable que compre la propiedad. Combine los videos aéreos que su fotógrafo tomó con su dron y haga una pequeña caminata de 2-3 minutos alrededor de la propiedad. Cuando suba la propiedad, escriba la dirección y la ciudad/código postal que le interesará aún más a la gente que busca esa ubicación.

Estrategia de Marketing #5) Crear un sitio web dedicado

El paso final es hacer un sitio web para la propiedad. La construcción de un sitio web dedicado puede parecer mucho trabajo, pero es una inversión que vale la pena en comparación con la simple inclusión de la propiedad en los sitios web de bienes raíces. Puede utilizar paquetes *plug-and-play* de alojamiento y de creación de sitios que le permiten crear un sitio web sobre la marcha. Su dirección especial [yourdomain].com seguramente estará disponible y un paquete puede costar tan poco como $ 10-20 al mes. Solo tiene que alojar un sitio web hasta que se venda la propiedad y luego puede cerrarlo.

Cómo organizar su propiedad para ganarse a los compradores

¿Recuerda cuando era niño y sus padres lo hacían limpiar su habitación antes de que llegaran los parientes para dar una buena impresión? Es hora de poner los toques finales en su propiedad y prepararla para las presentaciones - la propiedad tiene que estar en perfectas condiciones y hacer que los compradores se sientan como si ya estuvieran viviendo en ella. Esto se llama "puesta en escena". La pieza final del rompecabezas de la venta de una propiedad es ponerla en escena para los compradores. El agente inmobiliario organizará "jornadas de puertas abiertas" en las que presentará la propiedad a múltiples personas y el interior y el exterior tienen que estar en perfectas condiciones para causar una buena impresión. Esto significa que no hay escombros del serrín que su contratista dejó atrás, no hay manchas amarillas en el césped, no hay azulejos sin empaquetar esperando en el baño. La propiedad tiene que estar completamente amueblada, limpia y lista para presumir. Los agentes inmobiliarios se refieren a todo el proceso como "puesta en escena". En muchos casos usted quiere poner en escena una propiedad antes de empezar a tomar fotos y publicarlas en línea. La puesta en escena no se recomienda para todas las casas: la mayoría de los lanzamientos de bajo valor no requieren puesta en escena y los agentes inmobiliarios se saltearán los días abiertos a favor de una venta rápida. La puesta en escena tiene que hacer que el hogar se sienta como si las personas vivieran en él; la clave para una puesta en escena exitosa es hacer que se sienta como un hogar real.

Los compradores que asisten a las jornadas de puertas abiertas prestarán atención al nivel de limpieza y mantenimiento de la propiedad. ¡Dos agentes inmobiliarios combinarán fuerzas y atraerán compradores "calificados" que se encuentran en el rango de precios de la propiedad, y los compradores tomarán decisiones impulsivas y comprarán una propiedad por capricho! Por eso es imprescindible dar una buena primera impresión para la venta de la propiedad. Incluso si tiene que pagar más por el lavado de la electricidad y la jardinería, vale la pena, ya que acelerará la venta de la casa. La decisión final de los compradores siempre será impulsada por la emoción y si perciben la casa como de alto valor a su llegada, estarán ansiosos por comprarla y hacer ofertas más altas. Esto le ayuda porque saca su propiedad del mercado, ahorrándole costos de transporte y permitiéndole comprar otra propiedad.

Cómo funciona la puesta en escena: Lo Básico

La puesta en escena funciona resaltando las fortalezas de la casa y camuflando las debilidades. La apariencia es el único factor que impulsa el 90% de todas las compras en bienes raíces, y las pocas personas que están dispuestas a comprar una casa que no les atrae visualmente son los inversores. Aunque ninguna casa es perfecta, hay muchas características que usted puede realzar en una casa típica que mostrará las mejores partes de la casa y ocultará las peores. Por lo general, esto se reduce a decisiones inteligentes. **Ejemplo**: Tiene una gran ventana que da al atardecer en el segundo piso. No cometa el error de cubrir esa ventana y en su lugar mostrarla como un punto culminante. Agregue o retire muebles que aumenten el tamaño de la habitación.

Puesta en escena del interior

Para poner en escena áreas de la casa como la cocina, puede reemplazar completamente la cocina anticuada con una nueva cocina llave en mano (que puede costar hasta $20,000) o simplemente reemplazar los electrodomésticos. Una manera mucho más rápida de preparar una cocina es comprar electrodomésticos nuevos de acero inoxidable que crearán una apariencia limpia y nítida para sus compradores. Lo mismo se aplica a la sala de estar: Si coloca una nueva pantalla de plasma brillante, la sala de estar tendrá una apariencia de lujo y modernidad.

Puesta en escena del exterior

Si la casa tiene un gran patio trasero con su propio patio o área de terraza, ¡no lo deje vacío! Compre algunas sillas sólidas y una mesa para permitir que los compradores visualicen su vida y todos los recuerdos que puedan tener en ese patio trasero. Los compradores tienen que imaginarse a sí mismos asándose allí, jugando con sus hijos y pasando tiempo con su familia. Para ello, compre los muebles que necesite y facilite estas experiencias. Si el césped está en mal estado, contrate a un jardinero que pasará unas horas arreglando los puntos "calvos" del césped y considere la posibilidad de contratar a pintores que puedan pintar el césped de color amarillo.

Consejo de puesta en escena #1: Arreglo de muebles

Reconsidere la ubicación de los muebles en la sala de estar y en las habitaciones - los compradores analizarán el espacio para saber si tienen suficiente espacio para moverse cómodamente por el área. El arreglo es clave aquí - asegúrese de que los sofás y las sillas estén colocados de manera que permitan la conversación. Si la habitación se siente desordenada, tire los muebles a la basura. Muchas veces se necesita un diseño minimalista con el sofá principal, una mesa y algunas sillas laterales. Enfoque en la alineación "conversacional" de los muebles. ¿La sala de estar puede acomodar a 5-10 personas que tienen una conversación? Si la respuesta es no, compre los muebles o reorganícelos de una manera que permita la conversación.

Consejo para la puesta en escena #2: Apertura de espacio

Muchas habitaciones pequeñas, como la segunda, pueden sentirse estrechas - para crear una sensación de apertura, mueva los muebles justo al lado de las paredes. Esto abrirá el espacio vacío y ampliará el espacio en la habitación. Lo contrario se aplica a las habitaciones grandes - si hay demasiado espacio, tire de los muebles hacia el centro de la habitación, lo que liberará espacio entre los muebles y las paredes. En ambos casos, la reordenación puede abrir el espacio y mostrar a la gente que las habitaciones tienen espacio para el movimiento.

Consejo profesional: Los muebles deben indicar la forma en que se mueve el tráfico en las habitaciones. Concéntrese en crear un espacio fluido para caminar donde la persona no tenga que pensar en rebotar sobre los muebles. Los compradores deben ser capaces de navegar alrededor de grandes piezas de mobiliario como camas y sofás.

Consejo de puesta en escena #3: Compra de accesorios

Invierta en accesorios como flores y libros para mejorar la sensación de comodidad en una habitación. Si las habitaciones se sienten demasiado "vacías", puede comprar flores y colocarlas cuidadosamente en las mesas o cerca de las paredes, donde realzan la sensación hogareña de la propiedad. Los accesorios deben determinar el propósito de una habitación. **Ejemplo**: El exterior debe tener mecedoras relajantes donde los residentes puedan relajarse. La sala de estar debe tener una mesa principal y un lugar para libros. La mayoría de los accesorios son baratos y universalmente atractivos, lo que hace que la casa sea más deseable para los compradores.

Capítulo 8 - Mantenerse Inteligente

Errores Que Hay Que Evitar A Toda Costa Al Cambiar De Casa

¿Crees que tu presupuesto de renovación de 50,000 dólares no podría fracasar? Incluso si no gasta lo suficiente en sus renovaciones, hay "banderas rojas" que debe evitar antes y después de la compra de una propiedad. ¡Detalles! Cuando usted está comprando una casa, cuando está hablando con contratistas, comprando un seguro, enviando inspectores y renovando tiene que prestar atención a las siguientes "banderas rojas" que podrían indicar que su propiedad va a fracasar por adelantado. El impacto del fracaso en cada uno de ellos podría reflejarse en decenas de miles de dólares perdidos en su balance final. Los dos mayores problemas a los que se enfrentará son el precio de adquisición y las pérdidas de los contratistas, y ambos dependerán de su conciencia. El primer problema está relacionado con el precio de compra: Si usted compra una casa por más de su presupuesto inicial, tendrá menos dinero para la renovación, lo que le deja con pocas o ninguna ganancia al final. Si usted no investiga a sus contratistas y ellos hacen un trabajo descuidado, tendrá problemas para vender la propiedad al final de cada renovación.

1) Sobre/bajo la renovación de una propiedad

Ejemplo: Si una propiedad necesita $30,000 en renovaciones: $10,000 por un baño, $10,000 por una cocina y $10,000 repartidos entre otros costos misceláneos - usted no debe gastar $50,000 (gastos excesivos) o $15,000 (gastos inferiores): ¡Usted tiene que invertir esa cantidad exacta! Concéntrese en las mejoras que la casa necesita desesperadamente. ¿La cocina está en buen estado, pero el baño se está cayendo a pedazos? Gastar el 50% de su presupuesto en el baño y gastar menos en la cocina - no tiene sentido invertir igualmente si una habitación está en peor forma que otra. Las cosas se pueden poner caras rápidamente: Algo tan simple como una nevera inteligente puede terminar costando miles de dólares. Tal vez dejar de trabajar en el patio trasero y concentrarse en el interior. Busque baldosas y pisos de menor costo. Comprar ebanistería a la venta. Los compradores no pueden diferenciar entre un piso de $5/pie cuadrado y uno de $10/pie cuadrado - esto podría hacer una gran diferencia en su balance final. Mantenga las renovaciones "fáciles" centrándose en lo básico, es decir, en las reparaciones cosméticas. En el momento en que usted entra en cuestiones estructurales, techado, trabajo de cimentación - no son soluciones "fáciles" y su presupuesto se sobreexplotará rápidamente.

Visite las ferias comerciales o "casas abiertas" donde podrá ver nuevos desarrollos suburbanos: ¿Qué tienen dentro? Revise su sistema de HVAC, plomería, instalación eléctrica, electrodomésticos de cocina, etc. Si los inversionistas están gastando millones de dólares en desarrollos, están haciendo que esos dólares regresen a lo grande. Esto significa que sus casas están de moda y usted puede copiar directamente para su propiedad. Para "sorprender" a sus futuros clientes, debería invertir en aparatos inteligentes de pequeño tamaño, como termostatos, sistemas de seguridad y accesorios LED. Esto solidificará el valor de sus actualizaciones inteligentes.

2) Tomar proyectos más grandes de lo que puede pagar

Si este es su primer cambio, comience con casas pequeñas y nunca gaste más de $40,000 en una renovación. Su número mágico es $40,000 - esto es suficiente para renovar la mayoría de las casas promedio en los Estados Unidos. Extienda ese presupuesto a $15,000 para baños, $15,000 para la cocina y $10,000 para compras menores. Si usted comienza con renovaciones de $100,000, se sentirá abrumado por el alcance del trabajo y los niveles de administración que tendrá que poner en ese nivel de rehabilitación.

Realice renovaciones cada vez más grandes para obtener mayores márgenes una vez que sea plenamente consciente de los riesgos y de las relaciones cotidianas con los contratistas. Ejemplo: una rehabilitación grande puede requerir derribar una pared para abrir el área de la cocina a la sala de estar. ¿Qué sucede cuando derribas la pared? Tienes que comprar refuerzos adicionales, descubres molduras, algunas termitas pueden esconderse debajo de la pared y ahora estás pagando por otras 5 cosas a la vez (que no calculaste en tu presupuesto inicial). Todos estos problemas pueden extender el tiempo que lleva renovar y vender. Si se enfoca en renovaciones por debajo de $ 40,000 <, se está poniendo en un riesgo mínimo y está casi garantizado que venderá.

Las reparaciones cosméticas de menos de $40,000 son "fáciles" y lo familiarizarán con las reparaciones en todos los niveles: Sabrás cómo reparar la cocina, el baño y el suelo. Usted sabrá cómo arreglar el exterior y hacer que la casa sea atractiva. Sabrás cómo instalar sistemas de seguridad. Aquí es cuando usted estará listo para pasar a mejoras más grandes como cambiar los cimientos, derribar las paredes, unir las habitaciones, añadir espacio/garajes, e incluso añadir/remover pisos enteros.

3) Olvidarse de la red

El negocio inmobiliario es anticuado y la gente valora las "conexiones": Necesitará una red de profesionales con ideas afines que le ayuden a Cambiar sus propiedades y actuar con rapidez. ¿Qué sucede cuando te encuentras con un problema repentino como el de los azulejos del baño y necesitas un segundo subcontratista? Usted podría simplemente llamar a su amigo de bienes raíces y él lo referirá a los subcontratistas adecuados porque se ha encontrado con un problema similar antes. La mayor dificultad antes de empezar es no establecer contactos: Pasa un mes asistiendo a eventos y conferencias de *networking* antes de su primer cambio. Haga amigos en el negocio y visite sus sitios de construcción para ofrecerles una mano. Una vez

House flipping

que tienes amistades, tienes gente en quien confiar para obtener consejos y conexiones si alguna vez te encuentras con problemas (¡lo cual harás!).

4) No inspeccionar la casa antes de comprarla

El tasador y el agente inmobiliario tienen que echar un vistazo detallado a la infraestructura existente para informarle de cada actualización que tenga que hacer - no compre una casa antes de un análisis detallado. Muchos compradores principiantes son tímidas o demasiado confiadas y piensan que debido a que una propiedad está en buen estado estético, no va a requerir grandes mejoras. El tasador tiene que echar un vistazo detallado al sistema de calefacción, ventilación y aire acondicionado, plomería, electricidad, techo/forma estructural, chimenea, y más para asegurarse de que la infraestructura de la casa esté en forma sólida. Evalúe cuidadosamente las actualizaciones necesarias, ya que éstas se reflejarán en su presupuesto de renovación, lo que tendrá un impacto directo en el beneficio neto que le queda al final de cada venta.

5) Pagar en exceso por las casas

Digamos que una casa vale $80,000 basado en la información de los tasadores/agentes de bienes raíces, pero el vendedor pide $90,000 - usted debe negarse a pagar. Muchos compradores principiantes son impulsados por la emoción y piensan que, porque una vez se toparon con un buen trato, no volverán a toparse con un buen trato. Te dices a ti mismo "Y qué, son solo 10.000 dólares", pero al final del día ese dinero podría haber ido a parar a tu bolsillo si simplemente hubieras seguido adelante. Recuerde que el precio de compra puede tener un impacto significativo en la ganancia neta que usted se lleva a casa - el precio de compra puede afectar esto tanto como el costo de la renovación. Calcule cuánto puede gastar estimando el ARV y la regla del 70% y no sobrepuje ni un solo centavo. Usted debería estar haciendo una oferta a la baja a los vendedores de la misma manera que los compradores tratarán de hacerlo una vez que usted venda su propiedad. Recuerda la regla: Pague menos, gane más.

6) Olvidar aumentar el seguro de cobertura

En el momento en que renueva una casa, llame inmediatamente a su compañía de seguros y pida cobertura adicional. Los planes de seguro de vivienda aseguran una vivienda al 100% del valor de esta. ¿Qué pasa cuando se realizan reformas y el valor de la vivienda aumenta un 30%? Necesitas un 30% adicional de cobertura para cubrir ese pico. Si usted no aumenta el seguro y algo le sucede a la casa, usted perderá mucho dinero. Tan pronto como haga las renovaciones, debe acudir a la oficina del seguro para aumentar la cobertura de la vivienda en base al nuevo valor estimado.

7) No seleccionar a los contratistas

¿Crees que verificar las licencias y los bonos es suficiente? ¡No! Debe investigar a fondo a cada contratista como si los estuviera acosando: llame sus referencias anteriores, visite los sitios de construcción actuales en los que están trabajando, revise su cartera y visite esas propiedades, lea las reseñas en la Lista de Angie y Google para verificar que no hay No hay historias de horror de inversores que tratan con esos contratistas. Una vez que haya comprobado y verificado su fiabilidad, es cuando firma el contrato. No se puede confiar en un contratista con decenas de miles de dólares con fe ciega. Usted quiere asegurarse de que su inversión está segura en sus manos y la única manera de hacerlo es la investigación de diligencia debida.

8) Contratación de mano de obra excesivamente barata

¿Qué pasa si usted contrata a un contratista barato y descubre gabinetes mal colocados en la cocina con brotes de cigarrillos por toda la casa? ¿Qué pasa si el contratista retrasa el trabajo indefinidamente, pero toma su dinero por adelantado? Hay muchas cosas que pueden salir mal con la mano de obra barata. Siempre opte por contratistas "promedio" que tengan buenas críticas. Los mejores contratistas le cobrarán de más por el trabajo básico. Los contratistas más baratos tienden a ser poco fiables (hay que rehacer el trabajo). Los contratistas promedio hacen el trabajo y esperan una compensación regular. Hay ciertas excepciones: Si un abogado comienza a pagar $20 la hora, usted sospechará porque muchos abogados cobran 10 veces más. Sin embargo, si quieren construir su nombre, estarán dispuestos a trabajar por casi nada. ¡Aproveche!

Los factores antes mencionados podrían afectar su resultado final por decenas de miles de dólares - ¡tenga cuidado! Usted puede gastar en exceso en cada hito del negocio de cambio de casas: Asegúrese de que cada dólar que invierte tiene un factor multiplicador (¡por cada dólar que invierte desea obtener al menos dos dólares de vuelta!).

4 señales de advertencia de que su casa está cambiando Estás en medio de un comprador, ¿qué podría salir mal que no puedes planear con anticipación? Si las ventanas no se abren, si la manija de la puerta está atascada, si el trabajo de pintura se siente apagado, hay muchas cosas que descubrirá "en el momento" que no podía premeditar y debe arreglar en ese momento y allí. Esto es lo que llamamos "señales de advertencia": Problemas que aparecen a mitad de la construcción que debe calibrar en el momento y resolverlos inmediatamente. En la mayoría de los casos, notas señales de advertencia cuando es demasiado tarde.

Ejemplo: Un contratista termina el suelo y el suelo es desigual. A continuación, tiene que sacar la sección desigual o cubrirlo de alguna manera. Debes aprender de la experiencia cometiendo errores y arreglándolos. La mayoría de los errores no serán culpa suya, sino la culpa del contratista. A pesar de que el 80% de todas las renovaciones van sin problemas, el 20% puede ser una pesadilla si tienes en un presupuesto ajustado y tienen que repetir un trabajo importante. No te culpes a ti mismo porque incluso un contratista experimentado puede estropear de vez en cuando. Tenga cuidado con las siguientes señales de advertencia durante su renovación:

Señal de advertencia #1) Puertas y ventanas no se abren

El problema de renovación más grande y común es la falta de una colocación cuidadosa de puertas y ventanas. Muchos trabajadores se apresurarán a "hacer el trabajo" y desalinearán el posicionamiento o se equivocarán los ángulos. De esta manera, usted, como residente, no puede disfrutar de un paseo informal por su hogar. Ejemplo: la manija de la puerta no se traba de manera segura (pernos sueltos). La puerta no cierra suavemente debido a una mala inclinación. La puerta no se aferra a la propiedad una vez que está cerrada, pero una pequeña presión puede abrirla. Lo mismo se aplica a las ventanas: un pequeño cambio de milímetro en las ventanas puede hacer que la casa no funcione según lo previsto, y fugas climáticas como el viento.

Muchos contratistas solo reemplazan la puerta, pero olvidan reemplazar la jamba, lo que crea serios problemas cuando los dos no están alineados correctamente. Para evitar eso, contrate contratistas que reemplacen la jamba junto con la puerta. De esta manera, todo se alinea perfectamente una vez que cierra la puerta. Si contrata mano de obra barata, experimentará mucho trabajo descuidado en detalles como estos. La puerta y el marco de la puerta deben cuadrarse para que el trabajo se considere exitoso. Vuelva a verificar para asegurarse de que las ventanas se abran y cierren correctamente. Prueba todos los embragues. Póngase en contacto con el contratista y solicite soluciones si algo sale mal: usted les pagó.

Señal de advertencia #2) Mal trabajo en la cocina

Recuerde la frase: "La cocina es el corazón del hogar". La cocina venderá su hogar y la atención al detalle en la cocina es imprescindible. Su contratista debe alinear el diseño de la cocina de manera funcional. Si tiene un mal diseño en la cocina, no puede camuflarlo comprando electrodomésticos de acero brillante y nuevas encimeras de granito. Lo primero que notará cuando ingrese a una cocina mal renovada es que los electrodomésticos no están colocados correctamente. También habrá espacios entre las encimeras y las puertas nuevas que están mal

House flipping

instaladas en los gabinetes viejos. Los buenos contratistas también organizarán el lado "invisible" de la cocina. Por ejemplo, debajo del fregadero de la cocina, generalmente tiene el conector del lavavajillas, los desagües y el triturador de basura al mismo tiempo. Asegúrese de que no interfieran con el funcionamiento de los demás y / o retire ciertas partes de allí de manera adecuada.

Señal de advertencia #3) El sistema de HVAC (Calefacción, ventilación y aire acondicionado) está sucio

HVAC: abreviatura de "Calefacción, ventilación y aire acondicionado" es el sistema de gestión de la temperatura de la casa. El sistema HVAC es la clave para cualquier hogar confortable. Sin embargo, muchas veces no se pueden ver los escombros que se acumulan en el sistema de la casa durante las reparaciones que duraron meses. Si la renovación duró medio año, tiene que eliminar mucha basura y debe contratar un equipo de saneamiento adecuado para el sistema HVAC. El HVAC es un nido para bacterias en el aire y polvo de paneles de yeso. Coloque el dedo sobre las aspas del ventilador y observe si están llenas de polvo de paneles de yeso. Si su dedo está cubierto de polvo, esta es una muy mala señal. Eche un vistazo al núcleo del evaporador del aire acondicionado y haga que un equipo profesional lo limpie al final de la renovación. Esta será una renovación barata pero significativa. Los compradores pueden pensar que la casa está en excelente forma al observar las reparaciones cosméticas que ha realizado, pero hay reparaciones subyacentes que debe realizar por su propio bien que son invisibles.

Señal de advertencia #4) El suelo es desigual

No hay una señal de advertencia más grande que mirar hacia abajo y ver parches desiguales a nivel del suelo: ¡así es como sabes que tu contratista se equivocó! Si desea evaluar qué tan rápido se volcará su propiedad, eche un vistazo al estado del piso. Si el piso está nivelado hasta la moldura de la base, debe cortar los fondos y retirar la moldura de la base. Una vez hecho esto, puede volver a colocar el piso.

En muchos casos, el moho se acumulará rápidamente y tendrá que volver a hacer el trabajo. El piso tiene que mirar directamente a los bordes de la casa porque es lo primero que comprarán los compradores una vez que revisen la propiedad. Si los compradores notan suelos pobres, esto será un indicador de que la casa fue remodelada por contratistas torpes y asumirán que la casa tiene problemas más serios, como el trabajo eléctrico y la plomería, que deben repararse.

4 Estrategias De Salida Para Tener Siempre En Cuenta

Pones decenas de miles de dólares en una propiedad, las renovaciones se llevaron a cabo y está a punto de venderse. ¿Qué pasa si la casa no se vende? ¿Cuáles son las estrategias de "último recurso" que puede implementar para prepararse para el peor de los casos? En casa cambiada, se llaman "estrategias de salida". Si un cambio sale mal, si todo se desmorona, debe tener una "estrategia de salida" para ahorrar dinero y salir. Muchos listados de FSBO fallan debido a la falta de comercialización, a la falta de conexiones con agentes inmobiliarios, a malas renovaciones o a todo lo anterior. Para empezar, concéntrese en no gastar demasiado dinero en sus renovaciones. Si su presupuesto de renovación es de $ 40,000, no gaste de más en un centavo. Trate de reducir los gastos de su contratista por adelantado, lo que garantiza que, si termina con recargos, lo pagará con el dinero sobrante. Si gasta imprudentemente, terminará excediendo el presupuesto en su renovación y esto podría retrasar su venta ya que tendrá que vender por más de lo que inicialmente calculó para alcanzar el punto de equilibrio. La mayoría de los compradores de casa terminan siendo rentables y / o el comprador recupera su dinero en lo más mínimo.

Consejo Profesional: No se asuste - Está a salvo. Una vez que ha comprado una propiedad, tiene un activo que puede revender incluso sin renovarlo. Nunca puede caer demasiado bajo a menos que gaste imprudentemente en actualizaciones que no son necesarias.

Estrategia de salida #1) Bajar el precio

House flipping

No nos gusta escucharlo, lo peor que un agente de bienes raíces puede decirle a un vendedor es "bajar el precio". Sin embargo, este método es la estrategia de salida más rápida para salir de una mala casa. Si los contratistas se equivocaron y no tiene tiempo para volver a hacer los trabajos, simplemente baje el precio de venta y probablemente venderá la casa en las primeras semanas. Si su propiedad vale $ 200,000 y su ganancia neta es de $ 20,000, podría valer la pena reducirla a $ 190,000 y solo terminar con una ganancia de $ 10,000 en lugar de esperar meses para vender la propiedad al precio de $ 200,000.

De esta manera puede "salir" de un mal negocio y pasar a mejores propiedades con mejores contratistas. El tiempo es esencial aquí, especialmente en dinero prestado. Cada día que su casa se sienta en el mercado aumenta su costo y gastará miles en primas de seguro que probablemente se dispararon después de renovar la propiedad. Menores beneficios son una mejor opción que permanecer en el mercado durante medio año. Recuerde que su tiempo es precioso y una vez que salga puede tomar las lecciones que aprendió de esta propiedad y aplicarlas en la próxima para obtener más ganancias. Si está leyendo esto con anticipación, tenga cuidado con sus estimaciones de ARV y asegure su ARV por adelantado para evitar estrategias de salida drásticas.

Bajar el precio significa aceptar la pérdida y proceder a mejorar. Aprenderá mucho al obtener menores ganancias si sus renovaciones fallaron debido a contratistas malos y / o problemas secundarios que nunca esperó. Incluso los compradores experimentados tienen problemas que surgen al azar. ¡Acepte la pérdida y gane la próxima! Recuerda que el tiempo es importante. Si solo pasara 3 meses comprando, renovando y vendiendo, podría avanzar mucho más rápido. No estás apegado emocionalmente a una propiedad que pasaste solo unos meses renovando. Tendrás al menos 3 intentos más para hacerlo bien en el mismo año. Lo que falló o salió mal que no le permite vender la casa al precio total de ARV, no repita ese error nuevamente. Esta vez serás más inteligente.

Estrategia de salida #2) Ofrecer un contrato de arrendamiento

Usted tiene un comprador motivado que busca comprar a precio completo - el problema es que no pueden pagar una hipoteca todavía. El "menor" es el vendedor (usted) y el "arrendatario" es la persona que le compra una propiedad con un contrato ampliado. Ellos serán capaces de pagar una hipoteca 6 o 12 meses después de la línea una vez que obtengan una promoción, reunir más dinero para un pago inicial, etc. En el arrendamiento, el comprador podrá hacer un depósito que usted cobrará al inicio del arrendamiento. El depósito entonces asegura su derecho a comprar la propiedad en una fecha acordada más adelante. Esto le da algo de dinero en efectivo y la seguridad de que ha encontrado un comprador. Usted podrá sentir algunas de las ganancias de inmediato. El arrendamiento implica que ambos están de acuerdo con ciertos "términos de arrendamiento" - el comprador le pagará una cuota mensual de arrendamiento además del alquiler que aumentará su flujo de efectivo y les dará tiempo para reunir dinero para una hipoteca completa que pagará la casa y le devolverá su inversión. El arrendamiento es incluso una opción más inteligente que el alquiler porque el inquilino tiene un interés mucho mayor en la propiedad y está de acuerdo en comprarla en una fecha fija. Su "inversión" en la propiedad significa que cuidarán mucho mejor la propiedad ya que planean vivir allí para siempre. El pago inicial/depósito inicial de un contrato de arrendamiento debe ser de al menos 5 cifras: $10,000-50,000 dependiendo del precio de la casa. Este depósito no es reembolsable.

Es legal cobrar un "pago inicial opcional" que es el anticipo que el arrendatario paga por vivir en la propiedad. Sin embargo, si cambian de opinión sobre la compra de esa propiedad, no tendrán derecho a un reembolso. Necesitará un abogado de bienes raíces que pueda redactar los contratos que lo protejan contra los arrendatarios que cambien de opinión. Este es un método empleado por personas que esperan ganar más dinero en un cierto período de tiempo que les permitirá comprar la casa directamente, y es utilizado por personas que ya tienen acceso a capital, pero su calificación crediticia es mala y no son elegibles para una hipoteca. En muchos casos, la calificación crediticia puede verse afectada no solo por gastos imprudentes, sino simplemente por una bancarrota, como un divorcio, muerte y/o problemas de salud. Puede haber muchos escenarios de por qué el crédito de una persona se vio afectado, pero todavía están en el mercado para comprar una casa - solo tiene que darles el tiempo para reunir el dinero para financiar una compra completa. Usted puede cobrarles cuotas de alquiler además de la cuota de arrendamiento por adelantado. Esta es la mejor estrategia de salida para las personas que no quieren bajar su precio de venta, pero tienen tiempo y quieren resolver el problema a largo plazo.

Estrategia de salida #3) Conviértase en propietario

La buena y vieja estrategia del señor de la tierra es el camino para seguir para las personas que no quieren conformarse con precios más bajos y que están muy invertidos en un proyecto. Si el valor de su casa es de $500,000, probablemente no quiera dejarla ir por $450,000 solo para hacer una venta rápida. En este caso, los ingresos por alquiler que usted recauda pueden cubrir su hipoteca, facturas de servicios públicos, seguros, impuestos e incluso dejarle con algunas ganancias al final para financiar otros negocios. Los ingresos por alquiler son un negocio serio y muchas personas se especializan en comprar propiedades baratas solo para alquilarlas, no para venderlas. Es posible alquilar la casa y listarla en el mercado al mismo tiempo, lo que le permite recaudar ingresos mientras está tratando de sacar provecho de la gran venta. Si su préstamo tiene tasas de interés altas, lo último que usted quiere es no pagar ese préstamo y que le quiten la propiedad después de que la haya renovado.

Consejo: Es mucho más fácil alquilar una casa que venderla. Usted puede encontrar inquilinos para la casa en tan solo una semana y una vez que firme un contrato de arrendamiento de 3 meses o 6 meses todavía puede mostrar la propiedad a los compradores potenciales y decirles la fecha de la mudanza si están interesados en comprar. Si desea ahorrar dinero, alquile la casa inmediatamente y comience a comercializarla como una casa "en venta" en línea. De esta manera usted tendrá un ingreso constante que cubre sus costos de transporte además de las ofertas de los compradores. También hay un beneficio psicológico: si los compradores ven que la gente ya está viviendo en la casa, asociarán esto con una casa "terminada" y no con algo que usted renovó para obtener un beneficio rápido.

Investigue el mercado local. ¿Es éste un mercado de propietarios o un mercado de inquilinos? Eche un vistazo a cada casa individual en el vecindario y consulte con los inquilinos para determinar si son dueños de esas casas o si las están alquilando. Muchos mercados son mercados de alquiler caliente que usted puede aprovechar porque la gente siempre estará buscando alquilar allí. **Ejemplo**: Si una propiedad está ubicada al lado de una sede corporativa, usted encontrará muchos trabajadores locales que quieren estar cerca de su trabajo, pero no quieren comprar una casa todavía. Esto abre su propiedad a un grupo de potenciales inquilinos a quienes les resultará fácil hacer los pagos y usted cobrará la renta cada mes.

De esta manera, si usted está pagando su hipoteca en un préstamo de dinero en efectivo o en un préstamo de dinero privado, usted podrá pagar las tasas de interés del 8% fácilmente hasta que venda la propiedad a precio completo. Alquilar una propiedad es la manera de mantener una propiedad en el mercado sin dañar sus bolsillos. Si la hipoteca, el seguro y las cuentas de servicios públicos ascienden a $500-800 al mes y usted alquila la propiedad por $1500-2000 al mes, se quedará con $1000 en ganancias netas al final de cada mes. A menos que usted esté al tanto y su negocio haya sido financiado por un prestamista privado que espera que usted venda la casa, a los bancos no les importará si usted alquila la casa siempre y cuando ellos reciban su pago mensual.

Estrategia de salida #4) Venta al por mayor a inversionistas

House flipping

El reverso de la venta al por mayor de una propiedad en el punto de partida es la venta al por mayor de la propiedad en el punto final - muchos inversores estarán buscando nuevas propiedades y usted puede vender al por mayor la propiedad a ellos para salir de inmediato. El nuevo inversionista pagará su inversión inicial y valor de renovación y ellos mismos venderán la propiedad. La razón principal para vender al por mayor una propiedad en lugar de arrendar o alquilar es si está vinculado entre varias propiedades y no tiene tiempo para tratar con compradores / inquilinos individuales con los que tiene que lidiar cada mes. Si usted está financiando 5 propiedades al mismo tiempo y una no parece ir bien, la mejor manera de salir de ella es venderla al por mayor a un inversionista diferente que esté más motivado para hacerse cargo de esta propiedad. De esta manera, usted recibe su cheque de "salida" y el nuevo inversionista recibe una nueva propiedad.

Conclusión - Las lecciones aprendidas

Le prometemos esto: Todas las mañanas se despertará emocionado. Una vez que haya comprado su primera casa y comiencen las renovaciones, se despertará y correrá al sitio de construcción tratando de ensuciarse las manos como si estuviera a punto de mudarse allí. Cambiar la casa es un viaje inducido por la adrenalina en el que te das cuenta de que estás a punto de obtener grandes beneficios y de que estás viendo cómo tus inversiones se materializan ante tus propios ojos. Hay pocas sensaciones que se puedan comparar con un cambio exitoso, una vez que hayas hecho todo el trabajo y hayas juntado las piezas de acabado - puedes hacerlo.

Queremos darle ánimos. Está en esto a largo plazo. Si usted comienza hoy, recuerde que podría tomarle 3 meses hasta que llegue a las primeras etapas de Cambiar. Ese es el mejor de los casos. El cambio promedio toma 6 meses. Tómese su tiempo y considere cada paso del camino cuidadosamente - y compare los puntos de valor en este libro cada vez que tenga problemas y necesite ayuda. Olvidarás la mayoría de las cosas de las que hablamos, pero a medida que ganes experiencia, internalizarás las lecciones y el comprador se convertirán en algo natural.

Presentamos los detalles esenciales que necesita para luchar en el mundo de cambio de casas. Ahora ya sabe cómo elegir propiedades, financiar acuerdos de 6 cifras, llevar a cabo renovaciones de principio a fin y, finalmente, comercializar/vender casas a los compradores. Depende de usted decidir qué hacer con esta información. Usted puede actuar sobre esta información hoy o posponerla y actuar dentro de 5 años cuando esté listo. La información seguirá siendo cierta en ese momento: el cambio de casa ha existido durante décadas y se aplican el mismo principio y los mismos métodos.

En 6 meses será una persona diferente

Tómeselo con calma, está en la etapa inicial de cambiar la casa. Tiene un largo camino por recorrer hasta tu primer cartel de "¡Vendido! Si está nervioso, es normal porque su vida está a punto de cambiar. Algún día usted llamará a los agentes de bienes raíces o a los dueños de propiedades y comprará su primera casa. ¡Dentro de 6 meses estará estrechando las manos de un nuevo comprador que compró su casa! Usted experimentará esas conversaciones iniciales "incómodas" cuando trate de convencer a los vendedores de que le den un precio bajo por su propiedad. Tal vez no le gusten los vendedores a los que está llamando o tal vez no le gusten las propiedades una vez que las haya pisado en persona. Tal vez los vendedores serán geniales y usted estará ansioso por comprar sus propiedades. ¡Felicitaciones - usted se ha convertido en dueño de una propiedad!

Eventualmente tendrá el placer de tratar con la gente de las "finanzas" que financiará toda su inversión: Ellos proporcionarán el dinero para la adquisición y financiarán las renovaciones. Depende de usted estimar las reparaciones, realizar sus cálculos, decidir el ARV y gastar ese dinero adecuadamente. Tendrá que contratar a contratistas y conocerlos en persona: ¡un negocio aterrador! Luego, observará a la gente que trabaja para usted y firma sus cheques. ¿Quizás no necesitas contratistas y quieres ensuciarte las manos? A los compradores no les importará si lo hizo usted mismo o si contrató a un contratista, siempre y cuando su propiedad sea renovada a su gusto. ¿Es usted un contratista experimentado que quiere poner su pie en el negocio de cambio de casas? Nadie será más competente en este trabajo que usted - una vez que usted financie los tratos iniciales, sabrá cómo manejar un equipo de contratistas bajo su protección.

No pierda tiempo - ¡Comience ahora!

Incluso si usted está a solo 12 meses de reunir las finanzas para su primer pago inicial, el tiempo es invaluable. Haga el primer movimiento y empiece a visitar casas en su área "En Venta" y a hablar con los agentes de bienes raíces. Asistir a inventos de redes y conocer gente con ideas afines. Establezca los cimientos y haga el trabajo preliminar que le permita la posibilidad de Cambiar las casas en primer lugar. Si tiene poco dinero para invertir, trabaje en dos empleos y reúna las finanzas que necesita para dar el primer pago inicial. Descubra las "ofertas" en su área y trate de ponerse en contacto con los inversores que pueden financiar esas ofertas directamente.

Empiece a participar en eventos de *networking*, haga conexiones en LinkedIn donde podrá comunicarse con inversores inmobiliarios, asistir a obras de construcción y ofrecerle ayuda a cambio de conocimientos. Se sorprenderá de lo dispuesta que está la gente a ayudar a un joven saltamontes. Cuanto más tiempo pase en la obra, más confianza tendrá cuando le toque a usted dar la vuelta. Ofrezca valor en cada paso: Pague a las personas en efectivo por conocimientos internos en su área. Ofrezca mano de obra gratuita a un inversionista que necesite ayuda para su inversión. Ellos compartirán sus conocimientos con usted y le pagarán una vez que empiece a Cambiar y se encuentre en problemas.

Invente su propio método - ¡Invente su propio método!

Finalmente, tome las lecciones que aprendió en este libro y aplíquelas a su manera: ¡Invente su propio método! Es importante determinar cómo te gusta hacer las cosas. Algunos compradores prefieren las compras cortas de 3 meses y su objetivo es Cambiar una propiedad en menos de 3 meses. A otros les gusta tomar un año y vender una propiedad cara por un gran cheque de pago al final del año. Los mismos principios se aplican a la construcción a gran escala: Una vez

House flipping

que esté familiarizado con el cambio de casa, puede pasar a negocios más grandes, como edificios residenciales y edificios comerciales. La contratación de contratistas se basa en el mismo principio: solo se trata de aumentar la escala.

Tal vez le guste amueblar sus propiedades con interiores lujosos. Que sea su estilo característico de cambiar. Tal vez solo reemplace lo básico y ahorres dinero en cada cambio. Cualquier "estilo" que funcione para usted puede ser replicado en múltiples cambios de casa en el mismo año. La mayoría de los compradores "van con el flujo" y renuevan cada propiedad de forma individual. Todo podría funcionar en teoría - encuentre lo que funciona para usted en la práctica. Usted puede hacerse cargo de todo el proceso y llevar a cabo las renovaciones usted mismo. Podría comercializar la casa usted mismo en lugar de contratar a agentes de bienes raíces. Puede contratar agentes inmobiliarios y dejar que vendan por usted. Todo eso lleva al mismo resultado: una casa vendida. Se alegrará una vez que su mano esté adornada con un cheque de 6 cifras y un letrero de "¡Vendido!". Todo ese arduo trabajo dará sus frutos al final.

Inversión en libertad financiera

Últimas fuentes de ingresos confiables y rentables cómo nunca estar en bancarrota y crear ingresos pasivos: acciones, bonos y transacciones diarias

Tabla de Contenidos

Introducción 149

Capítulo 1: Los componentes básicos de la libertad financiera 153

Cambios importantes en la mentalidad para empezar a acumular riqueza 153

Pasos esenciales para lograr la libertad financiera 154

Cómo establecer sus objetivos financieros 159

Cómo establecer sus metas a corto y largo plazo 163

10 maneras de salir de una deuda lo antes posible 164

Capítulo 2: Cómo presupuestar de manera correcta 170

Cómo encontrar un presupuesto que funcione para usted 170

6 métodos de presupuestación que deben conocerse para no perder nunca más la noción del dinero 172

¿Qué presupuesto es el adecuado para usted? 177

7 maneras de hacer que el presupuesto sea más llevadero 178

7 pasos importantes para construir un buen crédito 183

Capítulo 3: Invertir 101 189

Tipos de inversiones para agregar a su cartera 189

Consejos para elegir las acciones adecuadas para usted 198

¿Qué es un plan de inversión? 201

Las 5 mejores estrategias bursátiles de todos los tiempos 203

Capítulo 4: Acciones de dividendos 208

Cuando una compañía paga dividendos 208

Diferentes tipos de dividendos 210

Elegir acciones que paguen altos dividendos 213

Cómo encontrar las mejores acciones de dividendos para su cartera 215

No cometa estos 10 errores de inversión de dividendos 216

Lo que necesita saber sobre las tasas de impuestos sobre dividendos... 220

Dividendos Ordinarios vs. Dividendos Calificados 221

Capítulo 5: Comercio diario 223

¿Qué es el Comercio Diario? 223

Cómo empezar a operar en el día 225

Estrategias del Comercio Diario... 229

Capítulo 6: Inversión inmobiliaria.. 235

Aumentar el valor de su propiedad 235

Hacer dinero de la propiedad de alquiler.. 236

Cómo seleccionar un mercado objetivo 244

10 características importantes de los bienes raíces rentables 249

Las 15 mejores estrategias de inversión inmobiliaria........................ 253

Capítulo 7: Otras maneras de aumentar la riqueza........................ 256

Cómo comenzar a invertir en fondos cotizados en bolsa (ETF) 256

Comience a ganar dinero ahora con los préstamos de igual a igual 260

Las 10 mejores estrategias para operar con criptomonedas 262

7 aplicaciones imprescindibles para los inversionistas de hoy en día... 266

Conclusión.. 270

Inversiones de libertad financiera

Introducción

Todos nosotros buscamos la libertad financiera por diferentes razones. Puede ser que usted desee esta libertad para que pueda asegurar suficiente dinero para vivir cómodamente en sus años de retiro. Otros pueden estar buscando comprar una nueva casa, y aún otros pueden estar planeando una reserva de ahorros para sus últimos años.

Planificar cómo se mantendrá en su jubilación puede ser estresante, y la mayoría de las personas tienen preocupaciones de dinero que se ciernen sobre sus cabezas. ¿Cuántas veces ha dado la noticia y se ha enterado de que una persona adinerada acaba de declararse en bancarrota? Usted se estará preguntando, *si él no puede manejarlo con todo su dinero, ¿qué posibilidades tengo?*

Es una preocupación legítima. Una mirada retrospectiva a nuestra historia reciente nos dice que los tiempos han cambiado. Ya no podemos confiar en la seguridad laboral para que nos acompañe a lo largo de nuestras vidas. Los trabajos en los que usted podría permanecer por 30 años o más y jubilarse en un plan de pensiones apuesto son ahora pocos y lejanos. Si queremos libertad financiera en este mundo moderno, tenemos que aprender a pensar de manera diferente.

El reto al que todos nos enfrentamos es cómo conseguir esa seguridad financiera sin depender de los métodos tradicionales que las generaciones pasadas dieron por sentados. Esos días han terminado, y todos necesitamos planificar nuestro futuro financiero de manera más creativa.

En tales situaciones, puede ser difícil saber por dónde empezar. Tal vez esté pensando en invertir, pero no sabe lo suficiente como para tomar decisiones acertadas. Tienes miedo de perder el dinero que tanto te ha costado ganar en una apuesta de alto riesgo. O tal vez estás cansado de vivir de cheque en cheque y ves que necesitas pensar diferente.

O estás envejeciendo y tu cuerpo no quiere trabajar tan duro como antes. Ya sea que se esté levantando en años y planificando su jubilación o que esté comenzando y esté ahorrando para una gran compra o inversión, tiene sentido que empiece aquí con nosotros.

Hay muchas maneras en las que podemos hacer frente a este desafío. Todos hemos aprendido lo difícil que es simplemente poner su dinero en una cuenta de ahorros y esperar a que crezca. Las tasas de interés que ofrecen son tan bajas que usted probablemente siente que le está pagando al banco para que retenga su dinero en lugar de hacer algo con él.

Si usted ha pensado en alguna de estas cosas antes, entonces ha venido al lugar correcto. Se unirán a muchos otros de mentes similares que tienen las mismas preguntas. En las siguientes páginas, le mostraremos cómo puede alcanzar un nivel de riqueza financiera que lo pondrá en una posición segura, donde no tendrá que preocuparse por sus finanzas. Aquí, usted encontrará:

- Una guía de inversión para principiantes y varias opciones de inversión
- Ideas sobre cómo ganar más dinero sin necesidad de mucho trabajo extra
- Consejos para establecer objetivos a corto y largo plazo y por qué son importantes
- Información esencial que puede aplicarse a una amplia variedad de necesidades financieras.

Inversiones de libertad financiera

Existen muchas alternativas para aumentar su dinero y establecer un futuro seguro para usted. Las respuestas están ahí para cualquiera que tenga los medios para buscarlas. No son nuevos, mágicos, ni siquiera místicos. Este libro está diseñado específicamente para enseñarle algunas de esas alternativas y cómo utilizarlas puede hacer una gran diferencia para ayudarle a lograr su libertad financiera.

Nos han enseñado que la manera más rápida de llegar a cualquier destino es en línea recta. Sin embargo, a diferencia del ahorro, no siempre es así. Invertir requiere que usted tome unas cuantas vueltas aquí o allá y es muy probable que se encuentre con algunos baches en el camino. Pero, si usted mantiene el rumbo, sus decisiones de inversión podrían ayudarle fácilmente a lograr la libertad financiera mucho antes de lo que usted piensa.

Una vez que aplique los principios de este libro, las recompensas por su arduo trabajo definitivamente valdrán la pena. Usted tendrá:

- Libertad de preocupaciones monetarias
- Libertad de deudas
- Libertad para hacer lo que quieras
- Libertad de la ansiedad dolorosa
- Una mejor relación con el dinero
- Libertad para vivir una vida basada en sus valores
- Más confianza en su capacidad para administrar el dinero
- Menos estrés, lo que significa mejor salud
- Libertad para hacerse rico en sus propios términos

Si está listo para cambiar su vida para mejor, dejar de existir simplemente en este mundo en lugar de vivir verdaderamente, entonces es hora de que dé el siguiente paso. Cuanto antes comience, más pronto se verá recorriendo ese camino hacia la libertad financiera.

Es mi responsabilidad guiarlo paso a paso hacia el estilo de vida de los sueños que desea.

Entonces, si está listo para cambiar su vida y pasar a algo que es aún mejor, entonces es hora de descargar este libro hoy. Depende totalmente de usted recuperar el control de su vida y ganar esta competencia feroz. ¿Entonces, Qué esperas? Ahora es el momento de cambiar su vida para mejorar, permitiéndonos ayudarlo a obtener libertad financiera

Capítulo 1: Los componentes básicos de la libertad financiera

La mayoría de los objetivos deben tener una fecha de finalización específica, pero las cosas no son tan simples cuando se trata de dinero. Por un lado, su objetivo final de libertad financiera necesita ser dividida en muchos objetivos más pequeñas. No solo eso, usted tendrá que vivir la vida de una manera muy específica para mantener esas circunstancias después de haberla adquirido.

¿Abrumado? No lo esté, ya que todo comienza simplemente por tener una mentalidad específica.

Cambios importantes en la mentalidad para empezar a acumular riqueza

No hay nada único en las finanzas. Si bien puede ser difícil de alcanzar para algunas personas, en realidad es solo cuestión de dominar los fundamentos. Ya sea que usted sea Jeff Bezos o la señora de la limpieza, las reglas del juego son exactamente las mismas: dominar los fundamentos y aplicarlos consistentemente.

No se trata solo de ahorrar para un auto nuevo o para unas vacaciones fabulosas algún día. Sí, el ahorro es muy importante en el gran esquema de las cosas, pero ahorrar solo por ahorrar no siempre es la mejor opción. Su primera meta es aprovechar al máximo su dinero, no solo para hoy o para los próximos años, sino para el resto de su vida. Esto requiere un enorme cambio de perspectiva. Usted está en esto a largo plazo y eso significa que lo que necesita para hoy puede no ser lo que se necesita en 10 años o 20 o 50.

¿Alguna vez ha oído hablar de personas que parecen haberse enriquecido de la noche a la mañana? Las posibilidades son ciertas. Puede que incluso hayas conocido personalmente a algunos de ellos. Algunos de ellos pueden haber sido colocados en puestos de trabajo bien remunerados, en los que podrían ahorrar mucho dinero cuando quisieran, pero otros pueden haber empezado con poco o nada. Pueden haber sido el recolector de basura local, el ama de llaves o una camarera en un restaurante cercano.

Aparte de aquellos que han adquirido su riqueza al ganar la lotería, otros han logrado alcanzar su dinero aparentemente sin esfuerzo. Sin embargo, si se mira de cerca, su éxito imaginado de la noche a la mañana llegó después de años de planificación cuidadosa. No hay nada más importante para su éxito que cambiar su mentalidad. Tendrá que pasar de las ideas comunes que son la norma en la sociedad actual a algo que le garantice que obtendrá mejores resultados.

Pasos esenciales para lograr la libertad financiera

1. **Haga un plan detallado**

    Uno de los primeros pasos que debe hacer es crear un plan. Su éxito no debe ser algo que se obtiene por accidente o por sorpresa. Cada paso de su camino debe ser hecho y logrado por el diseño. En lugar de permitir que las cosas sucedan, comience a pensar en todo lo que hace y en las posibles consecuencias que puedan ocurrir.

Inversiones de libertad financiera

Imagine diseñar la casa de sus sueños. Probablemente has pensado en ello durante años. Usted conoce cada detalle, hasta la forma y el diseño de cada pomo y accesorio. Si realmente es la casa de sus sueños, ya ha pensado en lo que se necesita para repararla cuando las cosas van mal, qué colores para pintarla y con qué frecuencia. Usted sabe qué habitaciones darles a sus hijos y todas las características que tendrá en su cocina.

Usted debe tener el mismo cuidado extra al planear su futuro financiero. No estás pensando solo en el presente, sino en el futuro. ¿Cuántos años le tomará alcanzar su meta y el tipo de esfuerzo que necesitará para mantenerla? Con un plan detallado, sabrá qué hacer hoy, mañana, el mes que viene, el año que viene y cada año después. Seguirá haciendo esto hasta que llegue el momento en que su dinero comience a trabajar para usted.

2. **Salga de la mentalidad de "cheque a cheque".**

Hemos sido programados desde la infancia para pensar en términos de supervivencia. Quizás sea la naturaleza humana, pero muchos de nosotros que luchamos por sobrevivir tendemos a concentrarnos en lo negativo. A pesar de que los acontecimientos pueden no haber venido automáticamente a la mente, es fácil caer en el cielo es caer acercándose a todo. El problema con esta línea de pensamiento es que nos limita. Cuando está preocupado, su mente se concentra en conservar cada centavo que tiene, las oportunidades de inversión pueden pasarlo fácilmente porque solo está pensando en el momento.

Las personas ricas no piensan de esta manera. Debido a que tienen un plan, sus mentes se centran en el siguiente paso, que automáticamente los llevará a la prosperidad. Sus mentes son libres de explorar otras posibilidades, y ven oportunidades a su alrededor. Examinan cada uno y procesan cada aspecto hasta que alcanzan un avance en el que pueden ver cómo usarlo para cultivar lo que tienen en lugar de aferrarse a todo lo que han ganado.

3. **No siempre juegues a lo seguro**

En concordancia con la línea de pensamiento de supervivencia está la necesidad de buscar seguridad. Sí, el dinero puede brindarle un nivel de seguridad. Sabes que, si tienes suficiente dinero, tienes un techo sobre tu cabeza, comida en tu estómago y ropa en tu espalda. Sin embargo, si su mente nunca mira más allá de su red de seguridad, puede perder muchas oportunidades rentables. Nadie logró nunca la independencia financiera mientras estaba sentado en la valla. Ir a lo seguro lo separa de muchos caminos que puede llevar a la riqueza.

Esto no significa que usted debe lanzar la precaución al viento. Usted todavía necesita pensar las cosas y analizar cada oportunidad para asegurarse de que es un riesgo que valdrá la pena al final. Ser un tomador de riesgos no significa ser imprudente. Significa que vas a tener que salir con fe y creer en tus decisiones aun cuando no sepas el resultado.

El valor se ha definido como la voluntad de actuar cuando no se puede controlar el resultado. Tómese el tiempo para leer algunas historias de fondo de personas exitosas que usted admira, y encontrará el mismo patrón. Reconocieron una oportunidad y tomaron medidas, a menudo antes de que alguien más viera el potencial. Para cuando otros se unieron, ya estaban en camino de acumular grandes riquezas.

4. Deje de pensar en gastar y empiece a pensar en ahorrar

Esta es una mentalidad bastante arraigada. Si sus padres le enseñaron bien, entonces lo más probable es que no gaste cada centavo de tu mesada cuando era niño. Es posible que haya tenido que ahorrar para esa nueva bicicleta o juego de computadora. Lamentablemente, muchos jóvenes crecen gastando hasta el último centavo que tienen en las cosas que quieren. En la mayoría de los casos, las cosas que quieren no duran mucho tiempo. Así que, cuando esas cosas se han ido, también lo está su dinero.

El hogar estadounidense promedio gasta el 110% de sus ingresos. Cuando gastan de más, por lo general se encuentran muy endeudados con tarjetas de crédito y préstamos de amigos y familiares. Si usted tiene una actitud derrochadora, sus intentos de adquirir riqueza inevitablemente cavarán un agujero para usted mismo del que será casi imposible salir.

Se han realizado numerosos estudios que demuestran que necesita ahorrar entre el 20 y el 30% de sus ingresos para llegar al punto en el que su dinero realmente funcione para usted. Tomar el 20% de sus ingresos y dejarlo de lado y luego vivir del resto no es tan difícil. Una vez que realice este ajuste, es probable que ni siquiera note la diferencia.

5. Deje de esperar y empieza a hacer

La esperanza es un poderoso motivador, pero siempre llega un momento en que necesitas tomar acción. Necesitas dejar de pensar en lo que quieres hacer y volverte proactivo. Incluso el paso más pequeño en la dirección correcta puede ser gratificante.

La mayoría de las personas no se dan cuenta de que están paralizadas por la esperanza. Pasan el tiempo hablando y compartiendo sus ideas, pero rara vez llegan más allá de ese punto. En lugar de gastar su energía compartiendo sus planes con otros, comience a reunir lo que necesita para ejecutar su plan.

Al igual que todo lo demás en la vida, nada de lo que decimos o hacemos sucede sin que primero sea un pensamiento. Si ha desarrollado malos hábitos financieros en el pasado, comenzaron con su pensamiento. Por lo tanto, para ganar libertad financiera, es necesario que usted cambie su forma de pensar sobre el dinero. Al cambiar sus pensamientos, puede lograr grandes cosas en un tiempo increíblemente corto. Comenzará lentamente al principio, pero gradualmente sus planes cobrarán impulso y, a medida que pase el tiempo, verá pequeños éxitos en su camino, comenzará a sentirse más seguro y verá su libertad más allá de esa luz. Al final del túnel.

Cómo establecer sus objetivos financieros

La mayoría de la gente no entiende completamente el dinero o cómo funciona. Piensan que tener dinero en efectivo a mano es seguridad y no pueden comprender que ahorrar puede no ser la mejor opción para ellos. Cualquier cosa que usted haga para aumentar su seguridad financiera debe tener un objetivo. Si usted está ahorrando dinero, necesita tener un objetivo para eso. El dinero no es el fin de todo lo que haces. Es el medio para un fin. Si el dinero nunca se usa para ningún propósito, terminas desperdiciándolo en cosas frívolas o acumulándolo. Al final, usted puede dejar esta tierra y todo su dinero atrás para que alguien más lo use.

Examine detenidamente sus objetivos e intente determinar hacia dónde debe ir su dinero. En realidad, sentarse y poner la pluma en el papel puede dar un poco de miedo, pero lo enfrenta cara a cara con sus realidades financieras.

Cuando usted está exponiendo lo que planea hacer con su dinero y estableciendo sus metas, puede ser un poco catártico. Pero antes de hacer algo, asegúrese de que sus botas estén firmemente plantadas en el suelo. Sin objetivos claramente definidos, usted puede terminar saltando del barco y desperdiciando la primera oportunidad que tenga. Podría ser muy fácil terminar viendo esa riqueza mientras se escapa, enterrada bajo una montaña de deudas. Por lo tanto, al establecer sus metas, comience con un plan realista pero flexible. Lo que quieras hoy puede que no sea lo que quieras más tarde en la vida, asegúrate de tener un poco de espacio para trabajar.

- **Determine cuánto dinero tiene para comenzar.** No importa si sus objetivos son a corto o largo plazo, usted necesita saber su punto de partida. Sea realista sobre cuánto tiene que trabajar. Si no lo hace, es muy probable que llegue al fondo de su billetera antes de llegar a su destino final. Recuerde, su meta es dejar de vivir de cheque en cheque, para que no se quede ciego.

Tómese un tiempo para sentarse y obtener una visión realista de su situación financiera actual. Su punto de partida debe consistir en 1) cuánto dinero tiene a la mano y en sus cuentas bancarias, cuentas IRA o inversiones; incluya los activos físicos que ya haya pagado. 2) Enumere todas las deudas que aún tiene pendientes. Considere los saldos de las tarjetas de crédito, hipotecas, préstamos estudiantiles, manutención infantil o cualquier otra obligación financiera que tenga que cumplir.

Tome la cantidad total que debe y dedúzcala de sus activos totales para obtener su patrimonio neto. Este es su punto de partida. No se preocupe si este número es negativo, la meta de leer este libro es cambiar eso.

- **Cree un presupuesto.** Ahora que usted sabe cuánto vale financieramente, tiene un punto de partida y puede calcular un presupuesto. Su presupuesto será un resumen detallado de todos los gastos que tiene y cuánto pagará por ellos cada mes.
- **Asegúrese de cubrir todo.** Eso incluye ese servicio de streaming de video de $10.00/mes que usted da por sentado. Además de los gastos concretos, incluya servicios públicos, pólizas de seguro, alimentos, gasolina y entretenimiento. No deje nada fuera. Si no está seguro de qué incluir en la lista, repase los últimos meses de recibos y eche un vistazo. Esta lista será la base de su presupuesto.

Inversiones de libertad financiera

Eche un vistazo a tu figura inicial. Si no le gusta, vuelva a revisar su lista para ver si puede reducir algunos de esos gastos. ¿Qué puedes eliminar? ¿Cable? ¿Transmisión? ¿Cuentas de suscripción? Incluso podría renunciar a comer fuera y optar por cocinar más en casa.

Esto no significa que tenga que renunciar a sus buenos momentos, solo tiene que estar dispuesto a sacrificar un poco para obtener mejores ganancias. Una vez que haya decidido de qué puede prescindir, verá que el número final se hace más grande. ¡Ahora tienes un presupuesto!

Ahora que sabe cuánto tiene que trabajar, puede comenzar a establecer objetivos realistas.

- **Establezca objetivos prácticos.** Los objetivos financieros no son los mismos para todos, así que nadie puede decirle a qué atenerse. Sin embargo, hay algunos objetivos prácticos que puede considerar. Siempre puede agregarlos más tarde si lo desea. Los objetivos más comunes que encontrarás en las personas son:

    o Establecimiento de un fondo de emergencia
    o Salir de la deuda
    o Planificación para la jubilación
    o Comprar una casa o un auto
    o Tomar unas vacaciones de ensueño

Usted puede elegir por sí mismo cuáles deben ser tratados en primer lugar, pero siempre y cuando los tres primeros sean tratados, usted podrá encontrar la seguridad que está buscando. Siga estas sugerencias básicas para ayudarle a comenzar.

Objetivo 1: Establecer un fondo de emergencia. Si ha hecho bien su presupuesto, al menos tendrá unos pocos dólares para dedicar a un fondo de emergencia. Al principio, puede que no sea mucho. Tal vez $ 5 o $ 10 cada cheque de pago. Sin embargo, si es coherente, se sorprenderá de cuánto puede acumular con un depósito constante de unos pocos dólares en su cuenta.

Usted decide cuánto dinero quiere tener en su fondo de emergencia. Nadie puede decirle cuánto necesita, pero una pauta general es de tres a seis meses de gastos de manutención debe ser apartada. Si usted tiene una buena seguridad laboral, eso puede ser suficiente, pero si está en una situación precaria en su trabajo, entonces podría decidir un poco más.

Meta 2: Pague su deuda. Es fácil quedarse atascado en las facturas todos los meses y puede ser muy desalentador ver cómo su cuenta se desangra todos los días de pago. Algunas personas ven el dinero como electricidad, y no son más que el cable que pasa a través de él. Sale tan rápido, si no más rápido, que su entrada.

La mejor manera de resolver este problema es apuntar a esas cuentas y pagarlas. Estar libre de deudas puede parecer una tarea imposible, pero si usted está dispuesto a hacer algunos sacrificios al principio, incluso unos cuantos dólares adicionales agregados a cada pago comenzarán a ver que el balance lentamente comienza a aumentar. Solo asegúrese de

Inversiones de libertad financiera

que no gasta nada del dinero de su fondo de emergencia en el ínterin.

Objetivo 3: Planifique su jubilación. Desea pensar en su futuro, incluso si está muy lejos de su realidad. Si todavía no has pensado mucho en esto, entonces no estás solo. Si amas tu trabajo y no puedes imaginar la vida sin él, entonces tal vez puedas sobrevivir, pero en general, la mayoría de las personas quieren ver un día en el que no tengan que levantarse y caminar para trabajar todo el día. Quieren pasar sus últimos años haciendo las cosas que aman y sacar el máximo provecho de sus vidas.

Cuanto antes comience este plan, más fácil será llegar a ese último día de trabajo en el que podrá recuperar su vida. No importa la edad que tenga, nunca es demasiado pronto para empezar a planear su jubilación. Si usted tiene un trabajo que ofrece un buen plan 401(k) mucho mejor. Sin embargo, incluso si no lo hacen, usted puede reservar dinero para esos años posteriores por su cuenta. Tu yo futuro te lo agradecerá profusamente.

Cómo establecer sus metas a corto y largo plazo

Ahora la parte divertida. Una vez que hayas quitado las cosas de los adultos del camino, es hora de pensar en apoyar al niño que hay en ti. Aquí es donde usted decide cómo utilizará esa riqueza acumulada para mejorar su calidad de vida. Piensa en el tipo de cosas que te darán placer y satisfacción en la vida.

No importa cuáles sean sus objetivos, es hora de comenzar a hacer una lista para ayudarlo a clasificarlos en orden de importancia. Comience por hacer una lista de todas las cosas que desea hacer, luego sepárelas en diferentes categorías:

1. **A corto plazo**: objetivos que se pueden alcanzar en pocos años. Vacaciones, comprar un auto o tomar una clase de cocina gourmet.

2. **A largo plazo**: objetivos que pueden demorar 10 años o más en alcanzar. Comprar una casa o desarrollar una propiedad de alquiler.

Al detallar el deseo de su corazón en papel, los coloca al frente y al centro de su vida. Cuando anote sus objetivos, asegúrese de establecer un cronograma estimado para lograrlo. La línea de tiempo es lo que lo motivará a seguir adelante, hacer la investigación necesaria y tomar los pasos para lograrlo sin postergarlo.

10 maneras de salir de una deuda lo antes posible

La parte divertida del presupuesto y la planificación financiera está en sus sueños. Pero si usted es serio acerca de la obtención de la libertad financiera que necesita para salir de la deuda en primer lugar. Esto puede ser difícil si se tiene en cuenta que la mayoría de la gente hoy en día tiene deudas por valor de casi 25.000 dólares. Son muchas cuentas que pagar.

Debido a que las personas tienden a gastar más de lo que ganan, la deuda acumulada en la mayoría de los casos es el resultado del uso del crédito para compensar la diferencia. Si desea encontrar la riqueza que está buscando, ya no puede esconderse detrás de su crédito para obtener las cosas que necesita. Todo lo que se necesita es un desastre o evento desafortunado y usted estará en camino a la bancarrota.

1. **No pague solo el pago mínimo.** Eche un vistazo a la tasa de interés en el estado de cuenta de su tarjeta de crédito. En la mayoría de los casos, es del 15% o más. A esa tasa, si usted paga solo la cantidad mínima de pago cada mes, podría tomarle años pagarla. Esta es una de las principales razones por las que la gente no puede ver su camino lejos de las facturas de las tarjetas de crédito, pero las tasas de interés pueden ser la ruina de su existencia en otros préstamos también. Piense en todos los intereses que está pagando por sus préstamos estudiantiles, préstamos personales u otras formas de deuda.

    o La mejor manera de pagar estas cuentas más rápido es pagar más que el pago mínimo. No solo reducirá el interés que paga, sino que el dinero adicional que agregue ayudará a reducir el monto del capital adeudado, lo que acelerará el proceso de pago.

    o Antes de que usted pague completamente su deuda, verifique que su acreedor no le va a cobrar ninguna multa por pagarla antes de tiempo.

2. **Utilice el método de la bola de nieve**. Si usted puede encontrar una manera de pagar más que el pago mensual mínimo, puede usar el método de bola de nieve para pagar sus deudas. Esto no solo hará que se paguen las cuentas, sino que aumentará su sentido de logro a lo largo del camino.

Inversiones de libertad financiera

- Haga una lista de todas sus deudas, desde las más pequeñas hasta las más grandes. Use todos sus fondos excedentes para pagar primero la deuda más pequeña y hacer pagos mensuales mínimos en todas las demás. Una vez que la factura más pequeña haya sido pagada, entonces tome ese dinero extra y páguela a la siguiente factura más pequeña de la lista hasta que la haya pagado por completo.

- En esencia, usted está haciendo una bola de nieve con todo su dinero extra y empujando hacia la cantidad total que debe hasta que llegue a un punto en el que pueda decir que está libre de deudas.

3. **Consiga un trabajo extra**. Si usted puede ver su camino claro para recoger unos cuantos dólares extra con un trabajo adicional que en realidad puede poner mucho más dinero en su bolsillo para pagar esas cuentas extra. No tiene que ser un trabajo regular donde tienes que marcar un reloj todos los días. Casi todas las personas tienen alguna habilidad o talento especializado que pueden aprovechar. Conseguir algunos trabajos de fin de semana al mes o trabajos por cuenta propia puede llegar muy lejos en cuanto a poner dinero extra en su bolsillo.

4. **Reduzca su estilo de vida**. Si usted está realmente determinado, puede reducir sus gastos al mínimo absoluto, hasta que todas sus cuentas sean pagadas en su totalidad. Esto significa que usted eliminará todos los gastos adicionales y solo usará el dinero suficiente para arreglárselas. Si este pensamiento está haciendo que su corazón se acelere demasiado, relájese un poco. Este tipo de presupuesto no

pretende ser una decisión de por vida, sino que solo se ejercerá hasta que usted quede libre de deudas.

5. **Tenga una venta de garaje/patio.** Todo el mundo tiene un montón de cosas para las que ya no sirve de nada. Tómate tu tiempo y revisa el garaje, los armarios, los sótanos y los áticos para ver lo que tienes escondido. Ya conoces el dicho: "La basura de un hombre es el tesoro de otro". Si usted encuentra cosas en su casa que ya no usa y no tiene expectativas realistas de usarlas en el futuro, no debería tener problemas para encontrar cosas para vender.

   a. Si no tiene tiempo para organizar una venta de garaje, considere llevar sus cosas a una tienda de consignación o venderlas en línea en sitios como eBay, Facebook o Craigslist.

6. **Negocie una tasa de interés más baja.** Si usted está luchando con tasas de interés excesivamente altas, puede ser posible negociar por una tasa de interés más baja. Mucha gente no piensa en hacer tal petición, pero muchas compañías de crédito están felices de obligar, especialmente si usted tiene una buena relación con ellos.

7. **Transfiera su saldo.** Si tiene una tarjeta de crédito con una factura extremadamente alta y además está pagando altas tasas de interés, es posible que pueda transferir el saldo restante a otra tarjeta con una tasa de interés más baja. Hay incluso algunas tarjetas que ofrecen una tasa de interés del 0% durante los primeros 18 meses. Con ese tipo de jugada, usted tendrá mucho dinero extra para cancelar esas facturas.

8. **Use dinero inesperado para pagar deudas.** A lo largo del año, usted puede recibir ingresos adicionales inesperados. Por ejemplo, usted podría recibir un bono de fin de año de su empleador, o podría recibir un bonito cheque de reembolso de impuestos. Tal vez una persona rica te ha dejado una pequeña y ordenada suma o te dan un aumento. En cualquier caso, no es dinero lo que usted ha dedicado a sus gastos presupuestarios. Use ese dinero para pagar tu deuda y estarás muy por delante del juego.

9. **Detenga los gastos innecesarios**. La mayoría de las veces, el saldo de la tarjeta de crédito no disminuye porque usted sigue aumentando. Tomarse el tiempo para examinar cómo usa su tarjeta de crédito puede darle una buena idea de sus hábitos de gasto. Al mirar hacia atrás sobre sus gastos pasados, usted puede decidir por sí mismo si la deuda realmente valió la pena. Tal vez podrías haberte conformado con una taza de café normal en lugar de un mocca frappuccino. Ponerlo a trabajar en una bolsa marrón puede evitar que salga a comer y le ahorre mucho dinero. Al eliminar hábitos costosos, usted puede reducir sus gastos generales a algo que es mucho más manejable.

10. **Evite la tentación**. Todos tenemos cosas que son difíciles de resistir. Aun así, usted puede casi garantizar que con todo el marketing y la publicidad que hay a su alrededor todos los días, la zanahoria que la sociedad está colgando frente a sus ojos todos los días lo tentará. Cuando usted está tratando de pagar la deuda, es mejor tratar de evitar esas tentaciones dondequiera que vaya. Si se siente atraído por su restaurante favorito cuando regresa a casa del trabajo todos los días, trate de tomar una ruta diferente. Si usted ve el mismo comercial tentador cuando ve la televisión, considere cambiar el canal o al menos levantarse y salir de la habitación durante las pausas comerciales.

La conclusión es que *tiene una opción*. Usted puede continuar tomando el camino fácil y simplemente meter la cabeza en la arena, fingiendo que no ve su situación financiera, o puede hacer frente a sus problemas de deuda. Ya sea que usted decida hacerlo ahora o se enfrente a tener que lidiar con ello más tarde, tendrá que pagar sus cuentas. Es mejor hacerlo en sus propios términos.

Lo principal que hay que recordar es que hay una salida, pero no esperes un milagro. Con sus planes para lograr la libertad financiera, va a tomar un poco de prisa de su parte, pero si lo hace, usted será ricamente recompensado por todo su arduo trabajo al final.

Capítulo 2: Cómo presupuestar de manera correcta

Construir un buen crédito es esencial para su futuro financiero. Aunque es posible vivir en este mundo sin crédito, no es fácil. Pero tampoco es fácil salir de la deuda y restablecer su crédito. Se necesita una planificación cuidadosa y ser plenamente consciente de cada dólar que se gasta. La única manera de salir del atolladero es con un presupuesto cuidadoso, pero incluso eso puede resultar un poco confuso. Hay tantos planes diferentes para presupuestar que puede ser abrumador saber qué hacer.

El problema es que la creación de un presupuesto no es tan corta y seca como se podría creer. Así como no todos los hábitos de crédito son iguales, no todos los enfoques para corregir su situación financiera serán adecuados para usted. Sí, el objetivo final sigue siendo consistente: quiere pagar la deuda, crear un pequeño fondo de reserva o trabajar para conseguir una compra importante. Pero la realidad dicta que hay muchos caminos que se pueden tomar para llegar allí.

Cómo encontrar un presupuesto que funcione para usted

Antes de que pueda decidir sobre el método que aplicará a sus finanzas, piense en los factores que están afectando su vida actualmente. Claramente, una persona soltera que vive sola no tendrá tanto de qué preocuparse como una persona que tiene una familia que mantener. También debe dedicar tiempo a crear un presupuesto y considerar los recursos que tiene a su disposición. A continuación, se presentan varios métodos de presupuestación que puede considerar.

Inversiones de libertad financiera

Léalos y vea cuál le parece verdadero. Esto lo ayudará a determinar dónde se encuentra en el espectro para que pueda planificar un enfoque efectivo para la presupuestación en el futuro.

Cuando conozca su punto de partida, decidir la ruta a seguir es mucho más fácil. Saber con qué tiene que trabajar y dónde quiere terminar. Todo lo que queda es dibujar una línea en tu hoja de ruta.

1. **Conozca sus valores.** Sus valores consisten en lo que te importa, las cosas en tu vida que sientes que no puedes vivir sin ellas. Obviamente, la comida, la ropa y el refugio estarían en la parte superior de esta lista. Los valores pueden variar de persona a persona. El punto es que entender sus valores le ayudará a priorizar lo que es más importante en su presupuesto.

2. **Fije sus metas.** Sus valores le darán instrucciones claras sobre lo que debe esforzarse por lograr. Piense en lo que quiere que su dinero haga por usted en el futuro, pero no escriba una sola meta a largo plazo. Divídalo en pasos factibles. ¿Qué le gustaría lograr en el próximo mes, tres meses, seis meses, un año, tres años, cinco años, diez años?

3. **Conozca sus ingresos.** ¿Cuánto dinero trae a casa en cada período de pago - después de impuestos? Este será el dinero que usará para determinar su asignación de gastos. Solo desea incluir el dinero que recibe regularmente y que SABE que viene.

4. **Conozca sus gastos.** Revise los estados de cuenta de su tarjeta de crédito, los registros bancarios y los recibos de la tienda. Puede dividir sus gastos en dos categorías: gastos fijos y gastos flexibles. Los gastos fijos serían el alquiler o la hipoteca, el

pago del coche, las facturas de las tarjetas de crédito y los préstamos estudiantiles.

Los gastos flexibles son un poco más difíciles de calcular. Estos incluyen cosas como comida, ropa, entretenimiento, etc. El coste varía de un mes a otro. Es posible que tenga que calcular la cantidad total durante varios meses y luego obtener un promedio razonable.

No se olvide de los gastos adicionales que se olvidan fácilmente. Son aquellos gastos que no se pagan con regularidad; impuestos, seguros, suscripciones, etc.

Ahora, usted tiene todas las herramientas que necesita para crear un presupuesto viable que le ayudará a satisfacer sus necesidades.

Ahora viene la parte en la que tiene que decidir qué método funcionará mejor para usted.

6 métodos de presupuestación que deben conocerse para no perder nunca más la noción del dinero

Siempre y cuando se cubran los fundamentos del presupuesto - seguimiento de los gastos, gestión de los ingresos - usted tiene un poco de libertad para elegir el método de presupuestación que mejor se adapte a sus necesidades. Si uno de ellos parece encajar bien, entonces hágalo. No hay nada malo en cambiarse a otro si se da cuenta de que no satisface sus necesidades.

1. El presupuesto de partidas individuales

El presupuesto por partidas está diseñado para aquellos que tienen problemas con los gastos más importantes. Las personas que lo usan son aquellas que necesitan seriamente salir de la deuda y no tienen ningún problema en poner todos sus gastos en categorías viables.

Este sistema requiere que usted categorice sus gastos. Puede crear tantas categorías como necesite: gastos del hogar, deudas de tarjetas de crédito, costos de transporte, alimentos, ropa, servicios públicos, aseo personal, se le ocurre la idea. En cada categoría, enumere todos los gastos que tiene que pagar.

Cree tres columnas, gasto estimado, gasto real y lo que quede. Cuando compara cada una de estas columnas, podrá medir su progreso después de cada período de pago.

Al lado de cada artículo, asigne un monto en dólares a pagar mensualmente. A medida que realiza cada pago, anótelo y deduzca el monto del total adeudado. Puede ser útil crear una factura adicional por imprevistos, de esa manera, no queda nada fuera.

Este método de presupuesto es perfecto para la persona que tiene el tiempo y los recursos para averiguar muchos detalles y la dedicación para hacer el trabajo extra que está involucrado.

2. El presupuesto 50/30/20

El presupuesto 50/30/20 tiene pautas que no son tan meticulosas. Sin embargo, con el presupuesto 50/30/20, usted dedica el 50% de sus ingresos a los gastos necesarios, el 30% a las cosas que desea y el 20% a los ahorros.

Este método es ideal para aquellos que no se sienten cómodos con un presupuesto estricto o que no tienen mucho tiempo para dedicar a hacer un presupuesto de línea. Sin embargo, es lo suficientemente flexible como para saber exactamente cuánto puede ahorrar y cuánto tiene que gastar en sus necesidades diarias. El modelo debe ser lo suficientemente flexible para adaptarse a su estilo de vida.

3. Páguese usted primero

El primer modelo de "pague usted mismo" toma dinero de sus ingresos y lo deposita en una cuenta de ahorros antes de pagar por cualquier otra cosa. Aunque usted se pague a sí mismo primero, necesitará saber cuánto dinero necesita para cubrir sus gastos, de modo que tenga suficiente para cubrirlos.

Este método funciona bien para aquellos que se encuentran a finales de mes preguntándose dónde ha ido todo su dinero. Al mismo tiempo, no requiere que usted se apegue a una contabilidad estricta en dólares.

También funciona bien con aquellos que tienen un ingreso mensual inconsistente. Primero, tome el promedio de los últimos seis meses de ingresos, luego sume todos sus gastos para el mismo período y luego reste los gastos de los ingresos. El resto es lo que usted puede dedicar a sus ahorros.

4. **El sistema de sobres**

Hay otro sistema que funciona con un poco más de fuerza en las cuerdas del bolso. Funciona bien para aquellos que necesitan un poco más de disciplina para hacer el trabajo. El sistema de sobres le ayuda a reducir el gasto excesivo en artículos no esenciales sin tener que hacer un seguimiento de cada centavo que gasta. Se trata de un enfoque básico de la presupuestación basado en el principio de caja.

Determine un límite de gastos para cada gasto. Por ejemplo, podría crear presupuestos individuales para comestibles, ropa y entretenimiento. Al principio de cada mes, divida todo su dinero en estas categorías de presupuesto más pequeñas y colóquelo en sobres etiquetados. Cada vez que necesite comprar algo de una de esas categorías, lo pagará con ese sobre. Cuando el sobre está vacío, usted ha agotado su presupuesto y no hay más dinero para hacer más compras hasta el próximo día de pago.

Este método funciona bien para aquellos que luchan por controlar sus hábitos de gasto o que dependen demasiado de las tarjetas de crédito o débito para pagar las cosas. No se dan cuenta de cuánto están gastando hasta que todo su dinero ha desaparecido.

5. Presupuesto de suma cero

Luego está el presupuesto basado en cero, que es particularmente bueno para cualquiera que tenga tendencia a gastar más de la cuenta sin darse cuenta. Con este plan, usted sabrá exactamente cómo se está usando cada dólar que gasta. En otras palabras, cada dólar debe tener un propósito intencional antes de que salga de sus manos, usted debe dar cuenta de cada centavo para que funcione bien.

El sistema funciona exactamente cómo suena. El último día del mes, su presupuesto debe ser siempre igual a cero. Entonces, si al final del mes, le sobra dinero, debe detenerse y encontrar un hogar para ese dinero.

Funciona para aquellas personas que usualmente tienen un poco de dinero extra al final del mes. Sin darle al dinero un trabajo para hacer, la tendencia a usarlo para cosas innecesarias puede ser un problema. Le obliga a detenerse y pensar prácticamente en la mejor manera de utilizar sus fondos para que lo acerquen más a sus metas.

6. El presupuesto sin presupuesto

Este método requiere que usted sea consciente de sus hábitos de gasto. En lugar de preocuparse por cuánto se está gastando en cada una de sus categorías, usted gasta en función de sus valores y lo que es más importante para usted.

Inversiones de libertad financiera

Funciona bien para aquellos que ya pueden ser bastante modestos y algo disciplinados sobre el dinero que gastan.

Comience por crear un esquema para todo aquello en lo que se sienta cómodo gastando su dinero. Cualquier cosa que no esté en línea con lo que usted cree que es importante o esencial no debe figurar en esta lista.

Por ejemplo, usted podría ser alguien que prefiere viajar y tomar vacaciones una o dos veces al año. Cualquier dinero extra que tenga después de que sus necesidades sean satisfechas puede ser utilizado a viajar.

Algunas personas pueden preferir dedicar su dinero a sus mascotas, otras pueden querer invertir en el mercado de valores, mientras que otras pueden estar pensando en convertirse en empresarios. Su dinero discrecional puede ser dedicado a cualquier cosa que usted crea que es importante y puede mejorar su vida.

¿Qué presupuesto es el adecuado para usted?

Como puede ver, hay varias maneras diferentes de presupuestar para su futuro. Aunque el objetivo final es el mismo con todos ellos, solo uno encajará con su estilo de vida y su forma de administrar el dinero.

Para decidir qué sistema funcionará mejor para usted, hay algunas cosas que debe tener en cuenta.

- ¿Cuánto tiempo tiene para controlar su presupuesto? Algunos métodos son relativamente fáciles y no requieren mucho mantenimiento de registros detallados. Sin embargo, otros pueden requerir el mantenimiento de registros elaborados con numerosas hojas de cálculo de Excel y el seguimiento constante de cada centavo que gasta. Si no tiene mucho tiempo para dedicarse a mantener un registro tan extenso, es posible que desee comenzar a trabajar con un presupuesto que tenga un poco más de toma y daca.

- También debe pensar con qué frecuencia debe controlar su presupuesto. Aquellos que están bastante seguros de que su presupuesto está en el camino correcto pueden revisar sus resultados mensualmente, mientras que otros pueden elegir verlo una o dos veces al año. Si todavía está tratando de obtener el saldo correcto, es probable que esté más dispuesto a revisarlo semanalmente o incluso después de cada compra.

Por lo menos, tener un presupuesto le permite abordar la vida con confianza. Sabes que tienes un plan y una dirección en la que quieres ir. Cada vez que usted paga una factura, se siente orgulloso de estar un paso más cerca de sus metas, y eso vale dinero en el banco.

7 maneras de hacer que el presupuesto sea más llevadero

Hay muchos beneficios al aprender a presupuestar adecuadamente, pero muchos de nosotros nos sentimos tímidos por los arduos días que pasamos en las aulas de nuestras escuelas intermedias y secundarias. Sin embargo, con solo unos pocos consejos, esas aburridas clases de matemáticas pueden cobrar vida y usted puede descubrir cuánta diversión puede tener al hacer esos números.

1. Aproveche las ventajas de la tecnología moderna

Si realmente no es bueno con los números, aprovecha la tecnología moderna. Hay muchas aplicaciones excelentes que pueden ayudarle a hacer su presupuesto con el mínimo esfuerzo. Cada uno tiene su propio conjunto de características que se pueden aplicar a su situación. Después de una cuidadosa búsqueda y análisis de las opciones disponibles, es posible encontrar una que se ajuste a sus necesidades.

2. Conozca sus objetivos

El trabajo se vuelve mucho más interesante cuando sabes por qué lo haces. Cuando se empieza por establecer algunas metas claras, aunque sean pequeñas, se le da sentido a lo que se quiere hacer. Si establece objetivos a largo y corto plazo, tendrá ciertos hitos que alcanzar y una vez que haya dominado algunos de ellos, se sentirá motivado para seguir adelante.

Comience configurando algunas fáciles que sabe que puede lograr, y luego observe la magia a medida que sucede. No hay nada más motivador y alentador que el éxito. Los objetivos más grandes se pueden dividir en pequeños pasos. Cada hito que superes te ayudará a ver que estás progresando, incluso si el final está a meses o años de distancia.

Inversiones de libertad financiera

3. Regálese recompensas

La razón principal por la que hacemos cualquier cosa es por las recompensas. Vamos a trabajar por la recompensa del cheque de pago, estudiamos duro en la escuela por la recompensa de una buena calificación, hacemos lo mejor que podemos en la competencia por la recompensa del premio, y luchamos a través de las relaciones por la recompensa de una vida familiar feliz. Es lógico que trabajarás más duro cuando haya algo gratificante al final de la pelea.

Hay todo tipo de recompensas que puedes darte a ti mismo, solo asegúrese de que su recompensa esté en línea con tus objetivos. Usted podría darse el gusto de pasar una noche en la ciudad después de completar un mes completo de presupuesto, reservar un poco de dinero para unas vacaciones o una escapada de fin de semana, o recompensarse con un traje nuevo o un par de zapatos.

El punto principal es que usted reconoce lo que ha logrado y se siente feliz al respecto. La perfección es una buena meta para alcanzar, pero si se ofrece a expensas de su estabilidad mental y emocional, usted puede alcanzar su meta, pero no habrá mucha satisfacción en ella.

4. No se trata solo de usted

Incluso si tiene hijos pequeños, dejar que todos los miembros de la familia sean parte de la solución te quita gran parte de la carga y puede hacer que sea mucho más gratificante. Algunas personas convierten el presupuesto en un juego al permitir que los niños compitan al ver quién puede ganar más dinero en trabajos esporádicos o quién puede ahorrar más.

Así como las recompensas funcionarán bien para usted, harán maravillas para motivar a los más pequeños de la familia: un viaje a la tienda local de dulces, algo del camión de helados o un día en el parque (¡eso es gratis!). Recuerde, una recompensa para sus hijos también es una recompensa para usted. Será más fácil lograr sus objetivos y será un gran impulso para la autoestima de sus hijos. Aprenderán buenos hábitos de gestión del dinero y se sentirán parte de la solución en lugar del problema.

5. Conviértase en más autosuficiente

Ahorrar dinero no se trata solo de cambiar dólares de un lugar a otro. Mientras que usted puede ahorrar de esa manera, es mucho más divertido aprender maneras creativas de adquirir las cosas que necesita sin gastar mucho dinero en efectivo. No hay nada más gratificante que ir a su patio trasero a recoger sus verduras para la cena que encontrarlas en su supermercado local.

Y lo mejor de todo es que todos en la familia pueden participar. Sus hijos aprenderán una valiosa y preciosa habilidad que les durará toda la vida, y usted ahorrará dinero al mismo tiempo. Una vez que prueban la diferencia en los alimentos que usted cultiva, es posible que no quieran volver a comer alimentos comprados en la tienda.

Hay muchas cosas que puede hacer para ahorrar dinero. Además de cultivar sus propios alimentos, puede crear sus propios artículos de limpieza, aprender a coser su propia ropa, o incluso hacer sus propios productos para el cabello. De hecho, si lo haces bien, es posible que puedas invertir algo de eso en un negocio secundario que te ayudará a mantenerte dentro del presupuesto también. ¿Qué puede ser mejor que eso?

6. **Piense de manera diferente sobre el dinero**

Aprenda a pensar en el dinero de una manera diferente. Lo más probable es que usted haya visto el dinero como una fuente de estrés y ansiedad por un tiempo. La necesidad de dinero ha causado que muchos se endeuden tanto, no es de extrañar que tanta gente lo vea de manera negativa.

Ahora, cuando empiezas a ver que tu dinero trabaja para ti y no en tu contra, es posible verlo como un medio para alcanzar un fin. A medida que aprenda a priorizar sus gastos y vea sus efectos a medida que pasa un hito tras otro, verá el dinero como una herramienta que puede utilizar a su favor.

7. **Plan de jubilación anticipada**

Cuanto antes empiece a planificar su jubilación, antes podrá ver el dinero como una forma de conseguirlo. Piense en todas las cosas que puede tener si puede jubilarse temprano. El tiempo que puede pasar con su familia, las vacaciones que disfrutará, el tiempo que tendrá para hacer las cosas que ama y la vida sin estrés que llevará.

Aunque el presupuesto puede ser una necesidad, no tiene por qué ser doloroso o estresante. Al idear formas creativas de hacerlo más interesante, usted puede asegurar su éxito. La elaboración creativa de presupuestos puede ser una gran manera de motivar a toda su familia, amigos y vecinos para que le ayuden a alcanzar sus metas sin perder el corazón en el proceso.

7 pasos importantes para construir un buen crédito

El mal crédito puede ser la perdición de la existencia de cualquiera. Puede impedir que alquile un lugar decente para vivir, que compre una casa, que interrumpa sus medios de educación, e incluso puede ser la razón por la que no pudo conseguir un buen trabajo. Si usted tiene mal crédito, entonces ya sabe lo que se siente.

Puede ser muy emocionante obtener la primera tarjeta de crédito. Cada compra que usted hace, cada pago atrasado, comienza a convertirse en una imagen que se vuelve muy difícil de borrar. Poder utilizar el crédito de manera responsable es una forma segura de asegurar su futuro financiero.

Sin embargo, lamentablemente, esta lección llega demasiado tarde para la mayoría de las personas, y terminan teniendo que reconstruir su crédito y recuperarse de algunas decisiones dolorosas que han tomado en el pasado.

La buena noticia es que no importa cuán malo sea su crédito hoy en día, hay maneras de reconstruirlo y restaurar su buen nombre. Puede tomar tiempo, pero aplicando algunos principios muy básicos usted puede establecer un buen historial de crédito, uno del cual usted puede estar orgulloso.

Ya sea que esté tratando de restaurar su crédito o que esté comenzando, tenga en mente estos pequeños consejos para proteger su imagen y asegurarse de que su crédito no sufra de malas decisiones en el futuro.

1. **Nunca pida más de lo que puede pagar**

    Usted recibió su crédito porque lo consideraban digno de crédito, así que no comience a usarlo con malos hábitos de gasto. Asegúrese de que cuando utilice su tarjeta solo la utilice para cosas que pueda permitirse. Puede ser difícil resistir la tentación de comprar cosas a crédito que ya se pueden comprar sin él, pero es una señal poderosa para los futuros acreedores de que usted está siendo responsable. Se alegrará de haber sido modesto cuando más tarde pueda obtener esos artículos de gran valor que no podía obtener antes.

Inversiones de libertad financiera

Esto también es cierto cuando se trata de obtener préstamos. Solo pida prestado lo que sabe por un hecho que puede pagar en un tiempo razonable. Tómese un poco de tiempo para revisar su presupuesto para que sepa exactamente lo que puede pagar mensualmente. Si el monto del pago del préstamo excede ese número, no tenga miedo de retirarse.

2. No use todo su crédito

Solo porque un acreedor le da un límite máximo, no le da carta blanca para usarlo todo. Cuando usted maximiza sus tarjetas de crédito, los acreedores lo ven como irresponsable, especialmente si usted no tiene el hábito de pagar su factura en su totalidad cada mes. Los prestamistas notan que los prestatarios que maximizan su crédito son generalmente los mismos que tienen dificultad para pagar su saldo. Trate de mantener su saldo en torno al 40% de su límite de crédito para mantener una buena puntuación de crédito.

3. No obtenga muchas tarjetas de crédito

Abrir demasiado crédito nuevo demasiado pronto puede ser muy perjudicial para su crédito.
Intente apegarse a una sola tarjeta de crédito a la vez. Establezca una buena calificación con esa y úsela durante un par de años antes de intentar solicitar una nueva. Su calificación crediticia se mantendrá sólida si no sale corriendo, sino que comienza a construirlo lenta y constantemente.

4. Pague su saldo en su totalidad cada mes

Probablemente haya escuchado que es importante que pague el saldo completo todos los meses. Si solo está cobrando lo que puede pagar, esto no es un problema. Cuando usted es cuidadoso con sus gastos y puede pagar su saldo cada mes, usted les muestra a sus acreedores que es responsable. Como resultado, terminará con un puntaje de crédito más alto.

5. Pague a tiempo

Una de las cosas más importantes que puede hacer cuando se trata de pagar sus cuentas es *pagar a tiempo*. Es importante que se acostumbre a pagar todo a tiempo para que no tenga la oportunidad de afectar negativamente su puntaje. Cualquier factura que tenga la posibilidad de atrasarse y terminar siendo enviada a una agencia de cobranza puede dañar su crédito.

6. Gestionar correctamente los saldos

Habrá momentos en los que tendrás que llevar un saldo en algunos artículos de gran valor. Si encuentra que no puede pagar el saldo completo al final del mes, asegúrese de pagar una cantidad significativa para que pueda pagar más que los pagos de intereses de la deuda que debe.

Siempre trate de pagar más del pago mínimo cada mes hasta que pague su saldo inicial. Cuando usted hace eso y mantiene su saldo adeudado a menos del 30% de su límite de crédito, protege su crédito y puede mantener una puntuación relativamente alta.

7. Permita que sus cuentas maduren

Tener buen crédito puede ser algo bueno, pero mientras más tiempo lo tenga, mejor. A medida que sus cuentas maduran, se ve bien en un informe de crédito. Cuando usted mantiene activas las cuentas más antiguas, le dan un impulso a su imagen crediticia. Tenga en cuenta que, si cierra una cuenta, pueden pasar varios años antes de que desaparezca de su registro, así que déjelas abiertas, incluso si no piensa utilizarlas. Esto les mostrará a los acreedores que usted no está confiando en él para salir adelante.

Establecer un buen crédito es extremadamente importante para cualquiera que esté buscando libertad financiera. Aunque hay varias maneras de alcanzar esa meta, establecer un buen presupuesto y atenerse a él es una clave segura para el éxito. Pero presupuestar no tiene que significar meses de monotonía y privaciones, como algunas personas han sido inducidas a creer. Si lo hace de la manera correcta, encuentre un plan que funcione bien con su estilo de vida y su personalidad, estará en camino de descubrir la libertad que conlleva administrar bien su dinero.

No es suficiente tener un buen presupuesto; necesita saber cómo implementarlo correctamente. Eso incluye saber cómo usar el crédito sabiamente. Establecer un buen futuro financiero no debería parecer un castigo, pero debería ser inspirador y gratificante. Siguiendo estas pautas muy básicas, puede encontrar el éxito en el camino y los grandes años de recompensa en el futuro.

Capítulo 3: Invertir 101

Aprender a administrar su dinero es un gran paso hacia la obtención de la libertad financiera, pero una vez que ha tenido éxito, solo está a mitad de camino. La realidad es que encontrar riqueza y seguridad financiera rara vez proviene de una buena gestión de las cuentas de crédito y ahorro.

Esas dos características pueden ponerlo en una mejor posición financiera, pero no borran el hecho de que aún necesita trabajar por su dinero. Un planificador financiero inteligente entiende que la transición de trabajar por su dinero a que su dinero trabaje para usted es un gran paso. Conseguir que su dinero trabaje para usted significa que tiene que invertir.

Tipos de inversiones para agregar a su cartera

Hay una amplia variedad de opciones de inversión disponibles para cualquiera que esté dispuesto a tomar el riesgo. Comprender su nivel de tolerancia al riesgo puede marcar una gran diferencia en las herramientas de inversión que usted elija. Al tomar decisiones de inversión, debe decidir si está dispuesto a invertir a largo plazo o si desea obtener un rápido rendimiento y realizar una inversión a corto plazo. Para la mayoría de las personas, la primera línea de opciones de inversión a largo plazo son acciones o bonos, pero hay una amplia variedad de opciones para elegir.

Inversiones de libertad financiera

1. Acciones

En su definición más básica, una acción es la compra de una pequeña porción de una compañía específica. Cuando usted compra una acción, en realidad está comprando un porcentaje de las ganancias y activos potenciales del negocio. Cuando una compañía vende acciones de su compañía, lo hace con el fin de reunir capital para invertir en sus propias operaciones. Como inversionista, usted puede comprar o vender sus acciones para mejorar su propia cartera financiera.

Cuando el valor de las acciones aumenta, un inversionista puede entonces vender sus acciones a un precio más alto de lo que compró y obtener una ganancia. Otra forma de ganar dinero en acciones es comprando acciones que paguen dividendos. Los dividendos son distribuciones de ganancias que se entregan periódicamente a los inversionistas. Puede optar por invertir en acciones de dividendos o en acciones de crecimiento.

Con las acciones de dividendos, usted recibirá una distribución regular de ganancias sin necesidad de vender su participación en el negocio. Los dividendos pueden ser pagados mensualmente, trimestralmente, semestralmente, anualmente o en algún otro programa de pago. La mayoría de las compañías que pagan dividendos están bastante bien establecidas y en la mayoría de los casos se consideran seguras.

Las acciones de crecimiento son también acciones de compañías que se espera que experimenten un cierto crecimiento. No pagan dividendos, así que no recibes un pago regular por ser su propietario. La única manera de obtener una ganancia con una acción en crecimiento es vender sus acciones en el negocio.

Hay un cierto nivel de riesgo con ambas opciones. Las acciones de dividendos suelen ser la opción preferida para aquellos con una tolerancia de bajo riesgo. Las acciones de crecimiento son un poco menos predecibles, pero eso no significa que sean menos estables. Hay momentos en los que los beneficios de una acción de crecimiento pueden ser más gratificantes que los dividendos.

Si está pensando en invertir en el mercado de valores, tiene sentido que compare los dos, conozca su nivel de tolerancia al riesgo y decida qué tipo de inversión funciona mejor para usted.

2. **Bonos**

Cuando usted compra un bono, técnicamente está prestando dinero al emisor y recibirá una cierta cantidad de interés por permitirles el acceso a sus fondos.

En su mayor parte, se cree que los bonos son mucho más seguros que las acciones, pero las posibilidades de obtener grandes rendimientos son escasas. Usted también tiene un riesgo adicional del que preocuparse. Al igual que con cualquier compañía que extiende préstamos a otros, siempre existe el riesgo de que el prestatario entre en incumplimiento. Los bonos gubernamentales suelen ser más seguros porque están respaldados por la "fe y el crédito pleno" del gobierno federal de Estados Unidos. Junto a los bonos del gobierno en seguridad están los bonos estatales y municipales. Los bonos corporativos conllevan más riesgos, pero se consideran la tercera opción más segura.

Los inversionistas obtienen beneficios de los pagos regulares de intereses del prestatario, que normalmente se pagan una o dos veces al año y el principal se devuelve en la fecha de vencimiento. Los bonos son inversiones de renta fija, lo que significa que el importe de la inversión es fijo y no cambia.

3. **Fondos de inversión**

Cuando usted compra un fondo de inversión colectiva, está invirtiendo en un mayor número de acciones con una sola transacción. Los fondos recolectan dinero de una amplia gama de inversionistas y luego invierten ese dinero en acciones, bonos o activos selectos.

Estos instrumentos de inversión se encuentran y seleccionan en base a una estrategia establecida. Por ejemplo, un fondo puede ser solo un tipo específico de acciones o bonos, mientras que otros pueden tener un conjunto diferente de parámetros. Un fondo puede optar por trabajar solo con valores internacionales, mientras que otro puede querer centrarse en la tecnología o las ciencias.

Las ganancias se obtienen cuando la lista seleccionada de inversiones sube de precio. El dinero recibido podría ser en forma de dividendos o intereses. Periódicamente estos se dispersan al cliente. Además, cuando las inversiones realmente aumentan de valor, los propietarios son libres de vender sus intereses para obtener ganancias.

4. Fondos de índice

Un fondo índice es un tipo de fondo mutuo que rastrea pasivamente todas las acciones de un índice en particular. Este tipo de fondos no utiliza un gestor de fondos para elegir en qué acciones invertir. Más bien, la decisión se basa en todas las acciones de ese índice en particular. Por ejemplo, un fondo indexado muy conocido es el Standard & Poor's 500, que tiene como objetivo igualar la rentabilidad del S&P 500 mediante la tenencia de acciones en cada una de las compañías que cotizan en dicho índice.

Una de las mayores ventajas de invertir en fondos indexados es su bajo costo. Debido a que no hay necesidad de tener una persona viva para administrar el fondo, usted ahorra dinero.

Los fondos índices ganan dinero a través de los pagos de dividendos o intereses que se hacen periódicamente. También pueden ganar dinero cuando el valor de su inversión aumenta. Los inversionistas pueden vender su participación en el fondo cuando el precio sube.

5. Fondos cotizados en bolsa (ETF)

Un tipo de fondo indexado es un fondo cotizado en bolsa o un ETF. Los ETF se esfuerzan por copiar el rendimiento de un tipo específico de índice. Debido a que tampoco se gestionan de forma activa, también son mucho más baratos que los fondos de inversión.

Usted puede comprar ETF en la bolsa de valores regular y venderlos de la misma manera. El precio fluctuará al alza y a la baja a lo largo del día, al igual que las acciones regulares. Sin embargo, tanto los fondos mutuos como los fondos indexados tienen un precio fijo que solo se ajusta al final de cada día de negociación.

Las ganancias se obtienen de la misma manera que con todos los demás fondos. Algunos ETF pagan dividendos o tasas de interés, pero usted también puede ganar dinero cuando el fondo aumenta de valor y usted lo vende con una ganancia.

6. Opciones

Una opción es simplemente un contrato para comprar o vender una acción en particular a un precio predeterminado o en una fecha determinada. A pesar de que usted celebre un contrato, no está obligado a comprar o vender las acciones, por lo que tiene la flexibilidad de rechazar la oferta si así lo desea. El contrato solo le da una "opción" para realizar una transacción de este tipo. También tiene la opción de vender el contrato a otro inversor o dejar que expire.

Un contrato de opciones le permite bloquear una acción en particular a un precio más bajo. Si tiene razón, está optando por la posibilidad de comprar las acciones en una fecha posterior a un precio más favorable que el resto del mercado. Si sus predicciones son erróneas, solo perderá el dinero que invirtió en la compra del contrato y se irá.

Tendrá que abrir una cuenta de corretaje en su banco o en una compañía de inversión. Una vez que la cuenta está abierta y financiada, usted puede comenzar a hacer su inversión.

Sin embargo, debe tener mucho cuidado con las tarifas. Algunas compañías cobran cuotas mensuales, mientras que otras cobran por cada transacción. Cuando calcule sus ganancias, asegúrese de que una vez que haya tomado su decisión, las ganancias que usted reclama no sean consumidas por los costos de realizar esa transacción.

Comprender el mercado de bonos

Antes de comprar un bono, necesita investigar un poco. Hay un montón de recursos en línea que le ayudarán a encontrar los mejores bonos en los que invertir. Busque sitios que desglosen toda la información sobre los diferentes valores, cualquier noticia relacionada con su rendimiento, análisis y otra información vital que pueda ayudarle a tomar una decisión. Algunos de los sitios más utilizados son Investopedia, Morningstar, Yahoo y el Finance Bond Center.

Como inversor individual, no puede invertir personalmente en el mercado de bonos. Tendrá que solicitar la ayuda de un inversor institucional. La mayoría lo hace a través del fondo de pensiones de sus empleados, sus bancos, un fondo de dotación o un banco de inversiones. Si no tiene ninguno de estos a su disposición, su próximo paso sería encontrar un administrador de activos que haga la inversión por usted.

Hay tres grupos que están activos en el mercado de bonos.

Emisores: Aquellos que desarrollan, registran y/o venden bonos en el mercado. Estas pueden ser corporaciones o pueden ser de una agencia gubernamental. Probablemente estamos más familiarizados con los bonos del Tesoro de los Estados Unidos, que son emitidos por el Departamento del Tesorería, pero hay otras agencias que también emiten bonos. La mayoría de los bonos emitidos por el gobierno llegarán a su vencimiento a los 10 años.

Aseguradores: Un grupo que evalúa los riesgos de cada uno de los bonos. Compran valores de los emisores y luego los revenden a los compradores para obtener una ganancia.

Participantes: Los participantes compran bonos como préstamos a las distintas entidades. Los préstamos se extienden por la duración del título y reciben el valor nominal del bono una vez que alcanza su fecha de vencimiento.

Las calificaciones son emitidas por una agencia calificadora de bonos y por lo general vienen en forma de una calificación en forma de letra. Por ejemplo, una calificación "AAA" se considera de muy alta calidad y es menos probable que entre en incumplimiento. Una calificación "BBB" se considera de riesgo medio, y cualquier cosa que sea BB o inferior se considera una oportunidad de inversión de alto riesgo.

Comprender el mercado de valores

El mercado de valores es donde se compran acciones de compañías que cotizan en bolsa. Al igual que los bonos, existen diferentes tipos de acciones: acciones comunes, opciones y futuros.

El papel principal del mercado de valores es reunir a compradores y vendedores en un entorno controlado. El mercado garantiza que todos los valores se negocian de forma justa, honesta y transparente. Mantienen el comercio entre los inversionistas y las compañías de forma transparente.

El mercado de valores tiene dos componentes separados. El primero se destina a las nuevas compañías que ofrecen ofertas públicas iniciales o IPO para su comercialización. Los aseguradores fijan el precio inicial de los valores para la venta. Las OPI tienden a ser inversiones de mayor riesgo ya que la mayoría de estas corporaciones aún no han demostrado su valor.

El segundo componente es para la negociación de acciones para las compañías más establecidas. Aquí es donde tiene lugar la mayor parte de la negociación en el mercado de valores.

Existen varias bolsas de valores diferentes, cada una de las cuales ofrece diferentes valores para negociar.

Nasdaq: Se trata de una bolsa electrónica en línea que enumera los valores emitidos por compañías de menor capitalización. Las acciones en el Nasdaq incluyen compañías que comercian en una amplia gama de industrias, incluyendo bienes de consumo, servicios, servicios públicos, salud y tecnología.

Bolsa de Nueva York: La NYSE negocia algunas de las compañías públicas más grandes y antiguas que existen. Probablemente haya escuchado sobre el Dow Jones Industrial Average (DJIA), que consiste en las 30 principales compañías más grandes de la NYSE. Estos son también los índices más antiguos y referidos del mundo.

American Stock Exchange: Inicialmente, se utilizó para operar con clases de activos completamente nuevas. Hoy en día, es la bolsa utilizada para comprar y vender ETF.

Existen varias diferencias claras entre el mercado de bonos y el mercado de valores. El mercado de valores tiene un lugar central de comercio donde los inversionistas de todo tipo pueden comprar y vender sus intereses, mientras que el mercado de bonos no lo hace. Además, hay una diferencia en los niveles de riesgo entre los dos. Aquellos que deciden invertir en el mercado de valores están probablemente expuestos a un mayor nivel de riesgo que aquellos que invierten en el mercado de bonos.

Sin embargo, es más probable que los bonos se vean afectados por la inflación y las tasas de interés. Cuando hay un aumento en las tasas de interés, los precios de los bonos tienden a bajar. Por otro lado, si los tipos de interés son altos, el valor del bono en sí puede ser deflactado.

Los riesgos de crédito también son algo que debe considerar cuidadosamente. La compra de un bono de una compañía con mal crédito lo deja abierto a un posible incumplimiento. En la mayoría de los casos, es posible que el emisor ni siquiera pueda hacer los pagos de intereses mínimos de su inversión y usted podría perder mucho más.

Algunas de las opciones de inversión más seguras para empezar son los bonos del Tesoro de los Estados Unidos. Es menos probable que experimente un incumplimiento, pero eso no significa que estén 100% libres de riesgo. Todavía son susceptibles a la volatilidad de los precios durante la vida del préstamo.

Consejos para elegir las acciones adecuadas para usted

Su elección de acciones para negociar dependerá de varios factores. 1) su experiencia, 2) cuánto tiene que invertir, 3) y su estrategia de inversión real.

Hay varias estrategias a considerar: operaciones de día, operaciones de posición u operaciones a largo plazo. Es importante tener en cuenta que su plan de operaciones no es una estrategia fija, ya que necesita ser lo suficientemente dinámico y flexible como para adaptarse a un mercado en constante cambio. Más tarde, a medida que comience a operar y a observar sus éxitos y fracasos, se volverá más sabio en sus decisiones, reconocerá sus fortalezas y debilidades y aprenderá a utilizar ese nuevo conocimiento de manera más efectiva.

Antes de empezar:
1. Conozca sus objetivos ¿Qué espera lograr con su cartera financiera? Aquellos que buscan generar ingresos se fijarán en las compañías de bajo crecimiento en industrias estables como los servicios públicos, los REIT (Fideicomisos de Inversión en Bienes Raíces) y las asociaciones. Si tiene una idea clara de su tolerancia al riesgo y de cómo la gestionará, intentará preservar su capital invirtiendo en valores de primera clase.

2. Si usted está más interesado en preservar el capital, entonces podría centrar su atención en aquellas compañías que pasan por varias etapas del ciclo de vida y que se encuentran dentro de los límites del mercado.

3. Todas las acciones subirán y bajarán de precio, pero no todas subirán al mismo tiempo. Al invertir en una gama más amplia de acciones, tendrá una mejor oportunidad de generar una cantidad constante de ingresos sin inconvenientes significativos con los que lidiar.

4. Sea observador. Al invertir en acciones, usted siempre está aprendiendo. Manténgase al día de todos los acontecimientos actuales del mercado. Acostúmbrese a leer blogs, estudiar revistas y mantenerse al tanto de las últimas noticias financieras. Usted debe hacer esto diariamente.
5. Encontrar la compañía adecuada. Comience por rastrear el rendimiento de una industria elegida y luego mire las acciones enumeradas en esa industria. Compruebe el ETF para la industria y vea qué compañías tienen.

6. Filtrar por sector o industria puede ser un buen comienzo, pero puede ampliar la búsqueda aún más y filtrar su lista por otros detalles como capitalización bursátil, rentabilidad por dividendos u otras métricas prácticas que le ayudarán a decidir.

7. No pierda su energía en tratar de atrapar el fondo absoluto de cualquier cotización de acciones, ni debe tratar de permanecer en una operación hasta que se agote en la parte superior. Mantenga su enfoque en el crecimiento de su patrimonio neto y salga cuando sepa que será para su beneficio.

8. No se rinda ante el FOMO, ni ante el miedo de perderse. Considere cada operación como una experiencia de aprendizaje y aproveche las que puede y olvídese de las que no puede.

9. Para empezar, elija una sola cepa y estudie los resultados a lo largo del tiempo.

10. Utilice los gráficos de operaciones para tener una idea clara del mercado y de los movimientos de las acciones.

11. Siga adelante con su plan hasta que obtenga los resultados deseados.

Elegir acciones que se ajusten a su personalidad

Nos sentimos naturalmente atraídos por aquellas cosas que entendemos mejor. Si tiene veintitantos años y ha pasado sus años formativos jugando muchos videojuegos, tiene una mente rápida y sabes cómo mantenerte enfocado, la inversión a corto plazo puede ser la mejor estrategia para usted.

Por otro lado, si usted está cerca de la edad de jubilación, es lento en la toma de decisiones, y le gusta mirar las cosas desde todos los ángulos, entonces tal vez el comercio diario sería una mejor opción. Si su objetivo es generar un poco de ingresos adicionales de un mes al siguiente, entonces el comercio de dividendos podría ser su mejor opción.

Cualquiera que sea el estilo de inversión que elija, piénselo bien. Es muy importante que entienda la volatilidad de las acciones, los movimientos de precios y el rendimiento esperado.

Administre su riesgo

Inversiones de libertad financiera

Cada opción de inversión tiene su propio nivel de riesgo. Su objetivo es preservar su capital y gestionar ese riesgo con cada decisión que tome. Incluso si usted sufre pérdidas, usted quiere estar seguro de que tiene suficiente capital para mantener algo en juego.

Cada inversión que usted elija debe ser una experiencia educativa. Tómese el tiempo para analizar y calcular los costos, esforzándose por tomar una decisión informada.

No lo complique demasiado

Manténgalo lo más simple posible. Cada acción tiene su propio conjunto de hábitos y movimientos; cuanto más comprenda estos hábitos, más fácil será anticiparse a cómo se mueve y tomar decisiones en consecuencia. Una vez que se sienta cómodo con un caldo, añada otro y repita el proceso. Si usted continúa con este patrón, es menos probable que se encuentre en una situación en la que no pueda desenvolverse.

¿Qué es un plan de inversión?

Básicamente, es un plan de cómo invertir en el mercado de valores. Dicta sus acciones para que no tome decisiones impulsivas que puedan poner en riesgo su capital. Aquí hay un ejemplo de un plan de Day Trading con el que puede empezar hasta que se moje los pies:

1. Negocie una acción a la vez
2. Cuando esté familiarizado con esa acción, invertiré en una segunda.

Inversiones de libertad financiera

3. Opere solo dentro del rango de precios de $20-$40
4. Acciones comerciales que tienen un volumen promedio de 30 días que oscila entre un mínimo de 1 millón de acciones y un máximo de 2 millones
5. El stock debe tener un grado medio de volatilidad.
6. No se negocian acciones de biotecnología
7. Maximizaré mi cartera en cinco acciones
8. Estudiaré el rendimiento de cada una de las acciones durante múltiples períodos de tiempo cada noche.
9. Seguiré a S&P Futures

He aquí un ejemplo de un plan para el comercio swing

1. Seleccione hasta 50 acciones para el comercio
2. Invierta en uno a la vez
3. Cuando me sienta cómodo y familiarizado con uno, entonces agregaré otro.
4. El precio será de $25 o más
5. Las acciones tendrán un volumen promedio de 30 días de 500,000 acciones al día o más.
6. Elegiré 25 para una larga lista de vigilancia

    a. Cada uno tendrá ingresos y ganancias crecientes
    b. Tendrán una fuerza relativa alta en sus sectores líderes
    c. Estarán por encima de la media móvil de 200
    d. Deberían estar siguiendo a S&P Futures

7. Elegiré 25 para mi lista corta de vigilancia

    a. Éstos tendrán ingresos y ganancias decrecientes
    b. Tendrán una fuerza relativa baja en los sectores líderes
    c. Se desempeñarán por debajo de la media móvil de 200

d. Deberían estar siguiendo a S&P Futures

8. Estudiaré la señal estocástica

Las 5 mejores estrategias bursátiles de todos los tiempos

Una vez que haya decidido en qué compañía invertir, probablemente esté ansioso por empezar a ganar dinero. Usted necesita una estrategia que dicte cómo quiere invertir. Existen cinco estrategias diferentes para invertir en acciones, y vale la pena comprender un poco sobre cada una de ellas para ayudarlo a determinar cómo va a invertir su dinero.

Comercio en general: Usted se está anticipando a los movimientos del mercado en general, buscando promedios que le den una idea de su dirección.

Negociación selectiva: El comercio selectivo significa que usted escogerá las acciones que espera que tengan un mejor rendimiento que el mercado general en el transcurso del próximo año.

Comprar Bajo Vender Alto: Entra en el mercado cuando los precios están en un nivel extremadamente bajo. Si usted elige bien y la acción se recupera, usted puede hacer una pequeña ganancia bastante ordenada.

Selección de tirón largo: Elija los negocios que espera que prosperen a largo plazo y le irá mejor que al negocio promedio dentro de su industria.

Compras a precio de ganga: Elegir acciones que usted sabe que se están vendiendo por debajo de su valor de mercado.

Su enfoque de inversión no debe basarse en impulsos, sino que debe pensarse racionalmente y luego aplicarse con disciplina deliberada. De esta manera, no tendrá que preocuparse por cada cambio que vea en el mercado, sino que se sentirá cómodo con sus decisiones y podrá entender los movimientos cuando ocurran.

8 peores errores de inversión que debe evitar

Cuando haces las cosas deliberadamente, te estás protegiendo a ti mismo y a tus finanzas. Sin embargo, los nuevos inversionistas a menudo ceden ante el fuerte impulso de arriesgarse con esa inversión arriesgada. Ese y varios otros errores son a menudo la causa de importantes pérdidas financieras en el mercado. Aprender a evitarlos puede hacer una gran diferencia en la rapidez con la que construye su cartera y lo pone en el camino correcto hacia mayores ganancias.

1. ***Invertir antes de que usted entienda.*** Si usted no está bien familiarizado en una industria, debe evitar esas acciones. Esfuércese por entender el modelo de negocio y cómo planea aumentar sus beneficios. Siempre esfuércese por tener una idea clara de hacia dónde se dirige el negocio y cómo planea llegar allí antes de comprometerse.

2. ***Permitir que su amor por una compañía supere su buen juicio.*** A veces nos enamoramos de una compañía a la que le

va muy bien en el mercado. Nunca olvides que tu meta no es apoyar a una compañía que amas, sino ganar dinero. Si bien las acciones pueden estar funcionando bien, sus fundamentos pueden cambiar en cualquier momento, así que siempre manténgase al tanto de lo que sucede con sus acciones y eventos que podrían afectarlo. Nunca ames tanto una acción que no puedas venderla.

3. *No ejercer la paciencia.* Siempre es prudente tener paciencia a la hora de invertir; el movimiento lento y deliberado a menudo da mejores resultados que las ráfagas rápidas que llegan a la cima. Sus expectativas deben ser realistas para que no se desanime cuando las cosas no suceden rápidamente.

4. *Saltar dentro y fuera de los negocios con demasiada frecuencia.* Mientras que usted puede hacer un beneficio aquí y allá, las operaciones frecuentes incurren en honorarios frecuentes que normalmente se comerán cualquier beneficio que usted haga. Agregue a eso los impuestos que tendrá que pagar más tarde, y fácilmente podría terminar perdiendo una gran cantidad de dinero en lugar de aumentar sus ganancias.

5. *Tratar de cronometrar el mercado.* Es más probable que sus posibilidades de éxito se vean afectadas por la toma de decisiones informadas que por el intento de llegar al mercado en un momento específico.

6. *Tratar de vengarse.* Si usted experimenta una pérdida en el mercado, es mejor alejarse en lugar de esperar una oportunidad para recuperar su dinero. Aferrarse a las acciones puede hacer que pierda aún más dinero a medida que el precio sigue bajando. Es mejor conservar al menos parte de su inversión

vendiendo su posición y reinvirtiendo lo que queda en una opción más estable.

7. *No Diversificar.* Siempre invierta en más de una industria. Esto distribuye su exposición sobre una amplia gama de posibilidades y protege sus activos. Trate de asignar fondos a todos los sectores principales y evite gastar más del 10% de su cartera en un solo activo.
8. *Tomar Decisiones Emocionales.* Mantenga la calma y deje que su lógica gobierne sus decisiones. Mantenga su enfoque en los resultados a largo plazo y en los promedios. Le mantendrá cuerdo en este negocio y le impedirá tomar decisiones apresuradas que podrían costarle a largo plazo.

9. **Crear un Plan de Acción.** Nunca intente vencer al mercado, pero siempre trabaje hacia sus metas personales. Sea realista sobre sus expectativas y evite saltar a una acción que hace promesas que usted sabe que son demasiado buenas para ser verdad.

10. **Hacer su plan automático.** Una vez que usted ponga su plan en acción, siga agregando a él. La construcción de su inversión debe continuar durante toda su vida.

11. **Aprovechar sus ganancias.** No hay nada de malo en sacar un poco de su dinero de la parte superior para disfrutar ahora mismo, hoy. Tal vez al final del año, usted puede tomar el 5% de sus ganancias para un poco de diversión. Esto le dará el incentivo para seguir avanzando hacia sus objetivos y hacer crecer su cartera.

Sin duda, usted cometerá errores cuando invierta en el mercado de valores. Acostúmbrate a ello. Es una parte importante de la inversión. Sin embargo, puede minimizar el número de errores que comete siguiendo estas pautas básicas. Ellos le ayudarán a convertirse en un mejor inversionista con el tiempo. Al tomar decisiones basadas en hechos y datos reales y no en emociones, usted estará un paso por delante de cualquier otro nuevo inversor que entre en el mercado.

Capítulo 4: Acciones de dividendos

¿Cómo se sentiría si pudiera tener un flujo constante de ingresos sin tener que mover un dedo para trabajar? La mayoría de nosotros hemos soñado con que esto ocurriera, pero algunos han sido capaces de encontrarlo a través de las acciones de dividendos. Cuando usted invierte en acciones de dividendos, esencialmente está construyendo un ingreso continuo que durará mientras la compañía en la que invierte siga siendo rentable.

Sin embargo, antes de depositar todo su dinero en estas acciones, necesita saber cómo funciona el sistema de dividendos. Cómo se pagan los dividendos y los diferentes tipos de dividendos que puede elegir. Probablemente usted entre en esta arena sabiendo que los dividendos se pagan en diferentes acciones, pero entender cómo encontrar y capitalizar los dividendos en efectivo, dividendos de acciones y dividendos de propiedad puede hacer toda la diferencia en el rendimiento de sus inversiones. Aquí hay algunos consejos básicos que le ayudarán a entrar en este tipo de oportunidad de inversión sin cometer errores costosos en el camino.

Cuando una compañía paga dividendos

No todas las compañías que obtienen beneficios pagan dividendos. Algunos optan por conservar sus ganancias y luego reinvertirlas nuevamente en el negocio, ya sea reduciendo su deuda o expandiendo sus operaciones. Las compañías que pagan dividendos están literalmente compartiendo un porcentaje de sus ganancias con sus accionistas. Aquellos que eligen invertir en acciones de dividendos generalmente tienen el objetivo final de usar esos pagos regulares para mantenerse a sí mismos.

Antes de pagar un dividendo, primero debe ser aprobado por la Junta Directiva de la compañía. Si la compañía paga mensualmente, entonces deben tener aprobación cada mes. Una vez que se aprueba el dividendo, hay tres fechas que un inversionista necesita saber.

Fecha de declaración: fecha en la que la compañía hace público el anuncio de su decisión de pagar un dividendo.

Fecha ex-dividendo: la fecha en que se toma la decisión de quién será pagado. Cualquier accionista registrado en esa fecha recibirá un dividendo por cada acción que posea.

Fecha de pago: Es la fecha en que el dividendo se distribuye realmente a los accionistas. La mayoría de los dividendos se pagan trimestralmente, pero hay varios que se pagan mensual, semestral o anualmente también.

Visitar sitios como Dividend.com le dirá con qué frecuencia se pagan dividendos por cada acción y cuánto. Por ejemplo, si usted ve que una compañía está pagando $1.00/acción cada trimestre, significa que los inversionistas están recibiendo $.25/acción cuatro veces al año, no $1 cuatro veces al año.

Diferentes tipos de dividendos

La forma más común de pago de dividendos son los dividendos en efectivo. Estos se pagan directamente de los beneficios generados durante un período de tiempo. Hay varios tipos diferentes de dividendos en efectivo. Si usted es dueño de acciones preferentes, entonces la compañía debe hacer esos pagos de dividendos primero a los accionistas preferentes, antes de que cualquier pago sea pagado a los accionistas comunes. Los dividendos de las acciones preferentes se fijan automáticamente, pero los dividendos de las acciones ordinarias pueden cambiarse, suspenderse o incluso detenerse por completo según el criterio de la Junta Directiva.

1. ***Dividendos de propiedad.*** Algunas compañías prefieren dar propiedades en lugar de dinero en efectivo a sus accionistas. La propiedad puede adoptar cualquier forma dependiendo de los holdings de la compañía. Un dividendo de propiedad podría ser cualquier cosa, desde lápices hasta oro, pasando por coches y aderezos para ensaladas. Se registran a su valor de mercado en la fecha de la declaración.

2. ***Dividendos especiales.*** Ocasionalmente, una compañía puede elegir hacer un dividendo especial por varias razones. Por lo general, se trata de distribuciones únicas que siguen a un gran éxito en el negocio. Tal vez ganaron un litigio importante en los tribunales, vendieron una parte del negocio o liquidaron con éxito una inversión. Estos dividendos especiales pueden ser en efectivo, acciones adicionales de la compañía o propiedades.

3. ***Dividendos en acciones.*** Los dividendos en acciones son cuando un inversionista recibe acciones adicionales de la

compañía en lugar de una distribución en efectivo. Hay varias razones por las que una compañía puede optar por emitir acciones de esta manera. Es posible que no tengan suficiente efectivo disponible para pagar un dividendo en efectivo, o que estén tratando de diluir el valor de las acciones para alentar a más inversionistas a comenzar a operar. Bajar el precio es un excelente incentivo para invertir. Con más acciones en el mercado, el valor por acción disminuye. Es mucho más fácil para los inversionistas pagar por una acción de $10 que una de $100.

4. ***División de acciones.*** Una división de acciones es muy similar a un dividendo en acciones. Una compañía puede optar por duplicar, triplicar o cuadruplicar el número de acciones en circulación. Con una subdivisión de acciones, el valor de cada acción se reduce, pero cada inversor sigue teniendo el mismo valor total de su inversión. Si poseía 100 acciones a $ 100 cada una y la compañía ofrece una división de acciones de 2-1, ahora posee 200 acciones a $ 50 cada una.

Si la inversión en dividendos es adecuada para usted o no, depende de sus objetivos. Cuando una compañía decide que va a pagar dividendos, una de las primeras cosas que considera es su capacidad para reinvertir el efectivo que tiene a mano a un tipo de interés más alto que el que podrían tener los accionistas. Por ejemplo, si una compañía en la que usted está invirtiendo está ganando el 25% de su capital y no tiene ninguna deuda sobre su cabeza, la gerencia podría decidir retener todas sus ganancias confiando en que el inversionista no encontrará otra compañía que sea capaz de aportar esa cantidad de retorno.

Desde la perspectiva del inversionista, es posible que usted solo esté interesado en invertir en esa compañía por el dividendo para cubrir sus

Inversiones de libertad financiera

gastos de subsistencia. Este tipo de inversionistas no están necesariamente interesados en el valor real de las acciones, sino en si usted podrá o no pagar sus cuentas con los dividendos que gane.

La relación de pagos

El índice de pago es el porcentaje del ingreso neto que una compañía paga como dividendo. Es importante entender esta relación a la hora de elegir las acciones en las que invertir. Este porcentaje le da el crecimiento proyectado de una compañía y lo que puede esperar de ella en el futuro.

Para calcular el índice de pago, consulte el estado de flujo de efectivo de la compañía. Por ejemplo, si el estado de cuenta de una compañía dice que pagó $2,166 mil millones en dividendos a los accionistas y su estado de resultados dice que tuvo un ingreso neto de $4,347 mil millones, usted podría calcular la proporción usando la siguiente fórmula.

2.166.000.000 de dólares de dividendos

4.347.000.000 de dólares de ingresos netos

La respuesta del 49,8% da una cifra bastante reveladora. Muestra que la compañía pagó casi la mitad de sus beneficios netos a los accionistas a lo largo del año.

La rentabilidad por dividendo

Otro cuadro que verá cuando busque el historial de dividendos de una compañía es el rendimiento de dividendos. Esto le indica cuánto está ganando en relación con el precio de una acción ordinaria al precio de mercado actual. Cuando usted compra una acción que tiene un alto rendimiento de dividendos, puede generar una buena fuente de ingresos.

Para calcular la rentabilidad por dividendo, divida el dividendo anual por el precio actual de la acción. Por lo tanto, si invirtiera en Starbucks hoy, su rendimiento de dividendos se calcularía de la siguiente manera.

$1.44/94.16 = 1.53%

Dividendos y sus impuestos

Los dividendos se gravan a una tasa más baja que los impuestos regulares sobre la renta. Algunos dividendos denominados "dividendos cualificados" pueden estar sujetos a un tipo impositivo más elevado, en consonancia con un impuesto sobre las plusvalías. Para evitar caer en esta trampa, para que sus dividendos ganados sean incluidos en esa categoría de impuestos de tasa más baja, usted debe mantener las acciones por un mínimo de 60 días.

Elegir acciones que paguen altos dividendos

Al elegir invertir en acciones de dividendos, usted quiere encontrar aquellas que paguen los dividendos más altos. Hay miles de acciones que pagan dividendos, por lo que debe tener cuidado al examinarlas detenidamente. Busque aquellas compañías que tienen una historia de dividendos en constante aumento durante al menos veinte años. Analice el historial de la compañía hasta que esté seguro de que está en condiciones de continuar esta tendencia en un futuro previsible.

Tenga en cuenta que la capacidad de una compañía para pagar dividendos está directamente relacionada con su flujo de caja. Usted busca estabilidad. Una compañía puede reportar una pérdida neta y aun así tener un flujo de caja saludable. Si una compañía está reduciendo sus dividendos, puede apostar a que va a perder algo de estabilidad a medida que los inversionistas empiezan a retirarse. No reducirán su pago por un problema que esperan que sea solo temporal. Por otro lado, una compañía que aumenta sus dividendos solo lo hará si el negocio es capaz de mantener la tasa más alta durante un período de tiempo prolongado.

DRIPS

A medida que comienza a ganar dividendos, la cantidad de dinero que recibe puede parecer minúscula en el mejor de los casos, pero eso está bien. A menos que necesite un flujo saludable de efectivo, puede invertir ese dinero en la compra de más acciones a través de un Plan de Reinversión de Dividendos (Dividend Reinvestment Plan, DRIP).

Cuando se inscriba en un plan DRIP, ya no recibirá pagos de dividendos, pero el dinero se utilizará automáticamente para comprar acciones adicionales de la misma acción. Hay varias razones por las que usted querría hacer esto:

- Las pequeñas ganancias se reinvertirán automáticamente.
- La mayoría de los planes DRIPS tienen comisiones mínimas o nulas
- Se le permite comprar acciones fraccionarias, lo que con el tiempo puede aumentar su patrimonio de manera significativa.
- Usted puede dividir su plan de recompra de dividendos, de modo que todavía recibe algún pago en efectivo mientras que el resto del dinero se destina a la compra de acciones adicionales.

Recuerde, por cada acción que compre, el pago de dividendos que reciba aumentará, pero con DRIPS, usted no pondrá más de su capital de trabajo en la cuenta, y la inversión comenzará a pagarse por sí misma.

Piense en cómo esto podría funcionar para su beneficio. Imagínese poseer 1.000 acciones de una compañía valoradas en 49 dólares por acción. El dividendo anual es de 1,50 por acción pagada trimestralmente. Usted recibiría un pago trimestral de .375 por cada acción o $375.00. Usted podría recibir todo ese dinero cada trimestre sin problemas, pero si no necesita el dinero en efectivo para cubrir los gastos de subsistencia, entonces podría inscribirse en DRIPS y reinvertirlo todo (o parte de él) para comprar acciones adicionales de las mismas acciones. $375 podrían comprarte otras 7 acciones. La próxima vez que se deba un pago de dividendos, sus ingresos se habrían movido de $375 a $377.62.

Si usted continúa repitiendo este patrón durante los próximos 10 a 20 años, podría ver cómo esto aumentaría sus ganancias sin tener que poner otra moneda de diez centavos en el bote. DRIPS se está dando un aumento.

Cómo encontrar las mejores acciones de dividendos para su cartera

Con el fin de generar suficientes ingresos por dividendos, la mayoría de la gente invierte en acciones con altos dividendos. Cuando usted toma buenas decisiones y contribuye consistentemente a su cartera, puede generar un ingreso bastante pasivo del que puede vivir durante sus últimos años. Los inversionistas más exitosos construyen una cartera basada en pagos de dividendos más altos.

Hay varias maneras de encontrar estas poblaciones, pero hay que tener cuidado. A menudo, el análisis de la rentabilidad de los dividendos puede ser engañoso, por lo que siempre hay que ser consciente de una posible trampa de dividendos. Usted necesita encontrar esas existencias de dividendos altos y aun así obtener algún tipo de protección contra riesgos potenciales donde los dividendos podrían reducirse o eliminarse.

- El índice de pago no debe exceder el 70%, lo que significa que la compañía está reteniendo un mínimo del 30% de sus ganancias para reinvertir.
- Busque compañías con una buena flexibilidad de precios. De esta manera, pueden subir sus precios si la tasa de inflación se vuelve demasiado alta. Esto mantiene el dinero fluyendo en su cuenta bancaria, incluso si la economía no es estable.
- Observe la relación entre la deuda y el capital de la compañía. Debe ser del 50% o menos. Esto le indica que hay un valor neto de $1 por cada $1 de deuda que la compañía tiene.
- La relación precio-beneficio debe ser de 15 o menos, lo que puede proporcionar cierta protección en caso de que el dividendo se reduzca por alguna razón.

No cometa estos 10 errores de inversión de dividendos

Comprar acciones de dividendos puede ser complicado. Si bien el potencial de ganancia es grande, usted puede fácilmente caer en enormes trampas si no es cuidadoso en su búsqueda. No se apresure a tomar una decisión. Aun así, con un poco de conocimiento usted puede evitar muchos de los errores que a menudo se asocian con este tipo de inversiones.

1. *No confíes en un consejo caliente.* No importa cuánto confíes en la persona que te lo da, una propina es solo una propina.

Usted puede confiar en la sinceridad de alguien, pero haga que sea una regla verificar siempre la información que recibe. Por lo menos, debería consultar los estados de cuenta de la compañía en los últimos dos años y consultar los números usted mismo. Mira bajo el capó, patea las llantas y así sucesivamente. Compruebe si alguien de dentro está comprando acciones o, si es posible, hable directamente con alguien de la compañía que pueda saber lo que está en línea para el futuro.

2. *Haga el trabajo.* Sí, hacer la investigación puede ser un verdadero dolor, pero al final valdrá la pena. Siempre haga los deberes. Esto le ayudará a evitar que se involucre demasiado emocionalmente en una acción potencial. Cuando usted entiende lo que está comprando y sabe cómo se está administrando la compañía, es menos probable que tome una decisión impulsiva de la que se arrepienta más adelante. Si el mercado se hunde, usted sabrá exactamente por qué y ya tiene un plan de respaldo para reducir sus pérdidas.

3. *No compre/venda solo por el dividendo.* No compre las acciones solo para obtener el dividendo y luego véndalo inmediatamente después. Perderá dinero. Sí, usted cobrará el dividendo según lo prometido, pero en la mayoría de los casos, el precio de la acción bajará considerablemente después del pago. En el mejor de los casos, usted puede esperar alcanzar el punto de equilibrio. Los inversionistas rara vez ganan dinero en este tipo de operaciones, y mucho de lo que usted gana se lo comerán con honorarios y comisiones.

4. *Mire más allá del rendimiento.* El hecho de que una acción tenga un alto rendimiento no siempre significa que no esté en

problemas. No se deje cegar por un alto rendimiento para convencerse de que una acción vale la pena. Algunas compañías que tienen un bajo rendimiento son mucho más estables y confiables que aquellas con una historia volátil y un alto rendimiento. Siempre mire el panorama general antes de tomar una decisión. Usted quiere saber por qué el rendimiento es alto. ¿Se debe a que paga altos dividendos o a la baja cotización de sus acciones?

5. *Mire hacia el futuro.* Cuando se investiga una acción, se observa su historia o su situación actual. Esto es importante porque le da una imagen en tiempo real de lo que puede esperar de la compañía. Su objetivo es generar un ingreso pasivo en el que pueda confiar en años posteriores, por lo que también necesita saber qué esperar en el futuro.

   Si usted es inteligente, observará la historia de la compañía para ver qué tan bien se ha desempeñado en el pasado y usará esa información para proyectarse hacia el futuro. Si históricamente han aumentado los dividendos periódicamente en el pasado, podría ser razonable creer que continuarán esa tendencia, especialmente si las cifras se ven bien. Esté atento a cualquier noticia que pueda tener un impacto en el desarrollo de la compañía u otros asuntos que no sean fácilmente aparentes.

6. *Manténgase siempre alerta en el mercado.* No asuma que debido a que usted ha invertido en una compañía que tiene una historia sólida, buenos números, y que ha golpeado todas sus marcas, que usted debe dejar todo correr. Incluso las grandes compañías estables se derrumbarán algún día. De los miles de compañías que estaban en la Bolsa de Nueva York hace 100

años, quedan menos de dos docenas. Eso significa que incluso los conglomerados masivos del pasado se han estrellado y quemado un día. Manténgase siempre atento al mercado. Es la única manera de proteger su inversión.

7. *La compra de una acción basada únicamente en el precio.* Hay una gran diferencia entre el precio de una acción y su valor real. Tienes que entender esta diferencia. El hecho de que una acción tenga un precio bajo y parezca más asequible no garantiza que sea un buen negocio. Comprar basado puramente en el precio no es invertir, es simplemente apostar, lo que no produce el tipo de resultados que usted necesita para crear una cartera.

8. *Mantener una acción durante demasiado tiempo.* Cuando una acción tiene un rendimiento deficiente, deshágase de ella. Esa acción no es tu amigo, no es alguien a quien le debes nada. Si el precio está cayendo en picada y no hay indicios de que se vaya a recuperar en un futuro cercano, esperar a vender es casi una garantía de que va a perder. Deshazte de él, no dejes que las emociones dicten lo que debes hacer; hay miles de otras opciones que te harán ganar dinero. Si las acciones se recuperan más tarde, siempre puede volver a comprarlas.

9. *No olvide sus impuestos.* Con demasiada frecuencia, los inversionistas se ven envueltos en sus ganancias y no dan cuenta de la deuda que tienen con el Tío Sam. Cada vez que gane dinero, habrá que pagar impuestos. Independientemente de la herramienta de inversión que utilice, si no está seguro de sus obligaciones tributarias, hable con un contador de impuestos y manténgase seguro. Usted debe hacer esto cada año, porque las leyes de impuestos cambian con frecuencia.

Deberá ajustar su plan de inversión para asegurarse de que sus ganancias sean más que suficientes para mantener a raya al IRS.

10. ***Tome a los medios de comunicación demasiado en serio.*** Cuando empiece a investigar diferentes acciones, habrá un flujo interminable de informes de los medios de comunicación, analistas financieros y opiniones sobre lo que es una acción buena o mala. Muchos de ellos tienen muy buena información que considerar, pero no siempre tienen razón. El valor de su información es tan bueno como sus recursos. Ninguna fuente es 100% confiable. Siempre haga su mejor esfuerzo para verificar cualquier información que reciba, especialmente si no la obtiene directamente de la propia empresa.

Elegir las mejores acciones de alto dividendo no es ciencia de cohetes, pero puede hacerte sentir como si estuvieras navegando por uno de los cráteres de la luna. Hay tantas áreas oscuras en las que puede meterse en problemas que deberá tener mucho cuidado de no caer en ninguna de las trampas que atrapan a tantos inversionistas novatos.

Lo que necesita saber sobre las tasas de impuestos sobre dividendos

A medida que sus ganancias empiezan a llegar, es importante mantener todo en perspectiva. Por mucho que te gustaría pensar eso, todo ese dinero no es tuyo. Como siempre, el Tío Sam está sentado en la banda esperando su parte. Una vez que empiece a cobrar dividendos, tendrá que apartar algunas de esas ganancias para mantenerlo apaciguado.

La mayoría de los dividendos se pagan en efectivo, pero dependiendo de dónde decida colocar sus inversiones, también puede recibirlos en forma de acciones adicionales, opciones sobre acciones, propiedades, servicios u opciones. Independientemente del instrumento en el que invierta, se considera una ganancia, y usted debe reclamarla en sus impuestos sobre la renta.

Dividendos Ordinarios vs. Dividendos Calificados

Hay dos tipos diferentes de dividendos que usted podría estar recibiendo. Los dividendos ordinarios son los que se reciben de los beneficios de una compañía. La cantidad que usted recibe generalmente se basa en el tipo de acciones que usted tiene. Las acciones preferentes pagan más que las inversiones en acciones ordinarias, pero cualquier dividendo recibido de una acción preferente seguirá considerándose un dividendo ordinario a menos que se estipule lo contrario.

Los dividendos calificados cumplen con los requisitos del IRS para los impuestos sobre las ganancias de capital, que se gravan a una tasa más alta que los dividendos ordinarios. Dependiendo de su nivel de impuestos, usted puede esperar pagar desde nada hasta un 20% de sus ingresos.

Según las leyes fiscales vigentes, debe declarar todos los ingresos por dividendos recibidos, aunque sean de escasa cuantía. Si usted recibió más de $10 de cualquier compañía, tendrá que presentar un Formulario 1099-DIV declarando la cantidad exacta que recibió. Si los dividendos que recibió provienen de un fideicomiso, patrimonio o una corporación S, también debe presentar un Anexo K-1, el cual determinará el porcentaje de dividendos sobre el cual debe pagar impuestos.

Usted debe recibir automáticamente los formularios requeridos que debe presentar de la compañía, pero si por alguna razón no lo hace, usted todavía está obligado a reportar los ingresos en su declaración de impuestos. Incluso si usted no recibe un pago real de esos dividendos, el IRS todavía los ve como ingresos gravables. Por lo tanto, incluso si los reinvierte en la compra de más acciones, se le exige que lo declare ingreso.

Cómo reportar dividendos

Usted puede reportar sus ingresos de dividendos en su 1040 From regular. Si sus ingresos totales recibidos ascienden a más de $1,500 o si algunos de los dividendos que recibe son como nominados para otra persona, entonces también debe presentar un formulario del Anexo B.

La emoción de ver su dinero trabajando para usted puede ser realmente sorprendente, pero para asegurarse de que los éxitos que recibe no se vean afectados por los problemas con el IRS, siempre tómese el tiempo para presentar sus ingresos correctamente. De esta manera, usted puede disfrutar realmente del dinero que gana sin reservación.

Capítulo 5: Comercio diario

Si la inversión de dividendos es un poco demasiado lenta para usted, una manera más rápida de generar nuevo efectivo es con el comercio diario.

¿Qué es el Comercio Diario?

El Comercio diario funciona de la misma manera que la inversión regular en el mercado de valores, pero todas sus transacciones se completan en un solo día. En esencia, usted compra y vende antes del cierre del día de negociación. Los operadores que realizan este tipo de operaciones son considerados especuladores, una forma de operar que conlleva riesgos mucho mayores.

Una de las razones para cerrar durante un solo día es para proteger las ganancias que los inversionistas podrían haber recibido a lo largo del día de negociación. Una vez que el mercado se cierra, pueden ocurrir eventos que podrían invertir la tendencia y ser incapaces de manejar las cosas. Una caída en los precios puede ocurrir fácilmente después del cierre de un día y antes de la apertura del siguiente y con esa caída, gran parte de sus ganancias podrían ir con ella. Sin embargo, al vender su posición antes del cierre del día, usted asegura las ganancias que ha obtenido y así reduce sus riesgos.

Las operaciones del día se pueden hacer en cualquier mercado, pero son más comúnmente realizadas en los mercados de valores o de comercio exterior. Los inversionistas dependen en gran medida del apalancamiento para estas estrategias de negociación a corto plazo, centrándose en hacer su dinero en movimientos de precios aparentemente insignificantes.

Como operador de día, tendrá que mantenerse al tanto de cualquier acontecimiento noticioso que pueda tener un impacto en las operaciones que está realizando. Esta estrategia se denomina "trading the news", en la que se responde a las estadísticas económicas, a los movimientos de los tipos de interés o a los beneficios de compañía. Este tipo de eventos están sujetos a la psicología del mercado, y los inversionistas reaccionarán con movimientos rápidos pero significativos. Los operadores diarios anticipan estos movimientos y los aprovechan para capitalizar sus ganancias.

Mientras que el riesgo puede ser muy alto, la atracción del comercio de día es el potencial para obtener ganancias sorprendentemente rápidas e impresionantes. Sin embargo, para obtenerlos, usted necesita ser un tomador de decisiones rápido, disciplinado y lo suficientemente diligente como para hacer la investigación necesaria para mejorar sus probabilidades de éxito.

Hay muchas razones por las que usted desee probar suerte en el comercio diario.

- Puede beneficiarse cuando el precio está subiendo y cuando está bajando
- Obtiene un margen adicional y puede utilizar el apalancamiento y los movimientos rápidos en el mercado para capitalizar las ganancias.
- Si bien la investigación es necesaria, no es necesaria una investigación detallada de los fundamentos de una empresa. Está aprovechando pequeñas fluctuaciones para no necesitar estrategias de inversión a largo plazo.
- Gana dinero rápidamente.

Estas son solo algunas de las ventajas de entrar en el comercio de día. Si usted piensa que tiene la fortaleza y es un pensador rápido, entonces el siguiente paso es elegir una acción y empezar a operar.

Cómo empezar a operar en el día

Operar durante el día suena bastante simple, pero definitivamente hay una curva de aprendizaje. La selección de las mejores acciones para negociar es solo el principio. Los comerciantes más exitosos se han vuelto muy hábiles en la aplicación de lo que ellos llaman la "Regla de las Tres P", la Planificación, la Práctica y la Paciencia.

Planificación. Definitivamente necesitará un plan de operaciones para empezar. Desarrolle un mapa personal para ayudarle a navegar en sus operaciones. Usted está entrando en un mercado altamente volátil y las cosas se moverán rápidamente. Si no estás preparado, perderás tus notas y terminarás perdiendo más dinero del que ganarás.

Práctica. No lo hará bien la primera vez que salga por la puerta. Podría ser mejor practicar con una de las plataformas de operaciones en línea que le permiten probar sus teorías antes de poner dinero en el juego. Cuanta más práctica tenga, mejor podrá predecir cuándo ocurrirán muchos de estos movimientos volátiles. Si no lo haces bien, no dejes que eso te desanime. Algunos de los operadores de día más experimentados se lo pierden de vez en cuando. Sigue intentándolo hasta que llegues a tu ritmo.

Paciencia. Una vez que tenga un buen plan de operaciones y comience, experimentará algunos altibajos. Necesitas paciencia suficiente para mantener tu plan hasta el final.

Un operador de día sabe cuándo, qué y cómo operar cada acción antes de entrar en el mercado. Para hacer eso, usted necesita entender cómo usar la volatilidad a su favor.

La volatilidad está directamente relacionada con la actividad de los operadores a corto plazo y refleja la dispersión de los rendimientos de una acción en el índice de mercado. Se puede determinar por la diferencia entre los máximos y mínimos de una acción para un día dado y luego dividirla por el precio real para el mismo día. Pero la fluctuación del precio es solo un factor que mide la volatilidad. Por ejemplo, una acción con un precio de $50 que fluctúa tanto como $5 en un solo día se considera mucho más volátil que una acción de $150 que también fluctúa en el rango de $5. Es el porcentaje del movimiento que también influye en su volatilidad.

Los mejores operadores de día buscan operar con las acciones más volátiles. Es el medio más eficiente para ganar dinero rápidamente. Estas acciones tienden a ofrecer el mejor potencial de ganancias, pero vienen con su propio nivel de riesgo. Si usted está intentando probar suerte con uno de estos, necesita dos cosas:

1. Dónde encontrar las acciones más volátiles para negociar
2. Cómo intercambiarlos con indicadores técnicos

La mejor manera de encontrar una acción volátil es ejecutar una pantalla de acciones a través de una plataforma como stockfetcher.com. Estos sitios usan filtros para rastrear los stocks más activos. Por ejemplo, puede seleccionar acciones que se mueven en promedio un 5% o más entre la apertura y el cierre en cada uno de los últimos 100 días. También puede filtrar por cotizaciones bursátiles.

Para una búsqueda más intensiva, otra plataforma que puede utilizar es Finviz.com. Su versión gratuita le dará una lista de los mejores ganadores y perdedores del mercado cada día. También tiene la opción de filtrar más los resultados, buscando detalles sobre la capitalización bursátil, el volumen y el rendimiento. Usted puede ser muy específico en el tipo de filtros que utiliza, de modo que puede terminar con una lista de acciones que cumplen con parámetros muy exigentes.

Nasdaq.com también enumera los mayores ganadores y perdedores del mercado, pero sus resultados no son filtrados por volatilidad. En cambio, obtendrá una lista de acciones que tienen el potencial de ser volátiles. Necesitará examinar manualmente la lista para ver qué acciones tienen la posibilidad de volverse volátiles en un día de operaciones.

Ahora, la cuestión de cómo comerciar con ellos. Cuando haya elegido sus acciones y esté listo para realizar una operación, debe tener paciencia y esperar el momento preciso para entrar en el mercado. Una de las mayores ventajas que tendrá es algo llamado "sesgo direccional". Es entonces cuando se observarán indicadores específicos que le dirán en qué sentido se está moviendo el precio. Siempre debe observar la acción del precio para determinar si el precio está subiendo o bajando en comparación con las olas anteriores.

El oscilador estocástico. Otra herramienta útil que puede utilizar es el oscilador estocástico para predecir acciones volátiles. Esto filtra las acciones que pueden no tener una tendencia muy clara. Incluso cuando una acción es volátil, puede caer en un rango antes de despegar en cualquier dirección. Un solo movimiento puede cambiar las cosas rápidamente, así que lo mejor es esperar hasta que usted reciba la confirmación de que un precio se va a revertir de una manera u otra.

En tales casos, es posible que el precio no tenga una dirección clara, sino que simplemente se esté moviendo hacia un lado durante un tiempo. La mejor estrategia de inversión es esperar hasta que el precio se mueva por encima de 80 y luego vuelva a caer. Eso es cuando usted vende cerca o en la parte superior de su gama. Puede colocar su parada directamente encima del nuevo máximo y su objetivo al 75% del rango total. Por lo tanto, si el rango tiene un máximo de $1, coloque su objetivo en $0.25 sobre el mínimo.

En la parte inferior, puede establecer una posición larga si el estocástico cae por debajo de 20 y comienza a subir por encima de ella. Coloque su parada debajo de la nueva baja y su objetivo debería subir un 75% desde abajo. Una vez más, si el rango tiene un máximo de $1, el objetivo puede ser de $0.25 por debajo del máximo.

Con el oscilador estocástico, realice sus operaciones cuando alcancen los 80 y más para tendencias alcistas y 20 o menos cuando estén en tendencia bajista. Sin embargo, tendrás que moverte rápidamente. Si está realmente en una tendencia, incluso un retraso de un minuto podría alejar demasiado el precio de su objetivo para hacer cualquier operación que valga la pena.

Cuando usted está en una operación, ignore las señales que puedan decir lo contrario de lo que usted cree. Dejemos que el intercambio siga adelante. Llegará al objetivo o se detendrá.

Las acciones volátiles son una gran manera de ganar dinero rápido si usted tiene el estómago para ello. Si puede identificar con éxito una tendencia, tendrá acceso a beneficios aún mayores. Simplemente siga el sesgo direccional para ayudarle a tomar su decisión.

Tenga en cuenta que el hecho de que una acción sea volátil no significa necesariamente que vaya a tener una tendencia. Los precios pueden moverse de un lado a otro durante largos períodos de tiempo. Cuando usted ve que el estocástico alcanza la marca 80 o 20 y luego retrocede, es una indicación de una buena oportunidad para entrar en el comercio.

Estrategias del Comercio Diario

No hay secretos duros y rápidos para el éxito de las operaciones diarias. Aunque puede ser extremadamente lucrativo, está lleno de baches que podrían costarle tanto o más dinero del que puede ganar. El secreto es desarrollar un plan bien pensado que pueda seguir al pie de la letra. El problema con esto es que la mayoría de los novatos no entienden completamente el juego, ni tienen idea de cómo crear tal plan. Estos son solo algunos consejos que pueden ayudarle a desarrollar un buen plan de operaciones para lanzarlo al mercado.

1. *Nunca deje de aprender.* Cuantos más conocimientos tenga, menos probabilidades tendrá de cometer un error costoso. Cuando usted realice operaciones diarias, necesita estar al tanto de todas las últimas noticias del mercado. Usted quiere saber cualquier cosa que pueda suceder que pueda tener un impacto en las acciones en las que está invirtiendo. Nunca se retracte de hacer el trabajo adicional, al final dará sus frutos. Esto es aún más importante cuando las noticias están directamente relacionadas con las acciones en las que está planeando invertir.

2. *Tenga un fondo de inversión listo.* Sepa exactamente cuánto dinero está dispuesto y es capaz de poner en riesgo por cada operación que planee realizar. En promedio, los operadores de día suelen invertir aproximadamente entre el 1% y el 2% de su cartera en operaciones de día. Un poco del medio por ciento. Una vez que conozca esa cantidad, divídala en las acciones en las que esté dispuesto a invertir, pero sepa que siempre existe un riesgo, por lo que nunca debe pagar más de lo que puede perder.

3. ***Asegúrese de tener tiempo.*** El comercio diario lleva tiempo. Debido a que usted tendrá que estar constantemente vigilando los movimientos del mercado, podría consumir un día entero. Si no tiene tiempo para dedicarse al proceso, es mejor que encuentre otras maneras de invertir su dinero.

4. ***Comience de a poco.*** No intente abordar demasiadas acciones a la vez. Cuando empiezas, necesitas sentir el mercado. Comience con una sola acción y cuando gane su confianza, auméntela a dos. Algunos incluso empiezan más pequeños que eso con la compra de acciones fraccionarias en lugar de una sola acción entera. Algunos corredores, como Stockpile, le permitirán comprar un pequeño porcentaje de una acción, para que pueda invertir en acciones de mayor precio sin poner en riesgo una gran cantidad de dinero.

5. ***Manténgase alejado de Penny Stocks.*** La tendencia de los recién llegados es buscar las acciones más baratas del mercado. Las acciones de Penny son aquellas que generalmente tienen un precio de $5 o menos por acción. En la superficie, esto parece una gran acción para empezar, pero las acciones de centavos son cuestionables en el mejor de los casos. Las posibilidades de obtener una ganancia inesperada de ellos son mínimas. La mayoría de las acciones que cotizan por debajo de 5 dólares por acción a menudo han caído a la lista de Penny Stock porque han sido excluidas de las principales bolsas de valores y ya están en problemas. A menos que usted vea señales muy claras de una inversión, su mejor apuesta es mantenerse alejado de estas ofertas aparentemente buenas.

6. ***El tiempo lo es todo.*** Aprenda el calendario del mercado para que sepa cuándo es el momento de entrar en él. Por ejemplo,

muchos inversionistas pueden hacer un pedido durante la noche para el siguiente día hábil. Esto significa que tan pronto como el mercado se abra, esas órdenes se ejecutarán de manera que usted verá mucho movimiento durante las primeras horas de operación, pero eso no siempre es una imagen clara del movimiento del mercado. Por lo general, el medio día es el menos volátil, ya que la actividad aumenta a medida que se acerca la campana de cierre.

7. *Aproveche las Órdenes de Límite.* Las órdenes de mercado se colocan al mejor precio ofrecido en ese momento específico. No son necesariamente el mejor precio para usted. Las órdenes limitadas, sin embargo, garantizan que el orden solo se cumplirá al precio que usted fije. Si el precio que ha fijado no está disponible, la orden no se ejecutará. Las órdenes limitadas le dan la oportunidad de hacer un pedido y saber exactamente el precio que pagará.

8. *Sea realista.* Nadie ganará todo el tiempo, pero eso no significa que no pueda obtener ganancias. Su objetivo es ganar más dinero del que pierde. Si usted mantiene sus límites dentro de un porcentaje establecido de su cuenta y planifica su entrada y salidas en consecuencia, entonces tiene una buena oportunidad de obtener más ganancias que pérdidas, pero tendrá que atenerse a su plan y seguir adelante con él.

9. *Nunca pierdas la calma.* Habrá esos días en los que no tendrás ni idea de lo que está haciendo el mercado. En esos días, mantenga sus emociones a raya. Siempre tome decisiones basadas en una lógica y un razonamiento claros, incluso si el mercado no tiene ningún sentido en este momento.

10. **Nunca se desvíe de su plan.** Cuando se trata de operaciones de día, las decisiones deben tomarse con rapidez. Eso puede ser muy difícil si no has hecho tu tarea. El precio podría catapultarse completamente fuera de su alcance mientras usted está tratando de entender las cosas. Por eso es tan importante hacer los deberes antes de entrar en el mercado, para saber el punto exacto de entrada y salida. Crear un plan de antemano y confiar en él como guía es el secreto para el éxito del comercio diario. No importa lo que digan los números, no les permitas que te atraigan a perseguir ganancias, sino que asegúrate de seguir el mantra del operador del día - *Planifica tu operación e intercambia tu plan.*

Tomar una decisión

Ahora que ha hecho una lista de las acciones que son ganadores potenciales, tiene que decidir cuál comprar. Un operador diurno normalmente tiene en cuenta tres factores:

- **Liquidez.** Cuando una acción es líquida, usted tiene espacio para entrar y salir a un buen precio. Busque márgenes estrechos entre la oferta y el precio de venta, o un precio bajo de deslizamiento. La diferencia entre lo que uno esperaría pagar por una acción y su precio real.

- **Volatilidad:** El rango de precios esperado dentro de un solo día de negociación. Cuanto más volátil sea el precio, mayor será la posibilidad de obtener ganancias (o pérdidas).

- **Volumen.** Cuántas veces se ha comprado y vendido una acción en particular dentro de un período de tiempo determinado. Cuando usted ve un aumento en el volumen de una acción, hay un mayor interés, y usted puede esperar algún tipo de salto en el precio.

Una vez que haya decidido qué acciones comprar y que su plan esté listo para entrar al mercado, usted necesita decidir cuándo vender. Idealmente, usted quiere desea vender cuando el precio alcanza su objetivo, pero ese no es el único momento en que puede salir.

- Scalping: vender tan pronto como se obtiene una ganancia.
- Desvanecimiento: vender después de que el precio haya subido rápidamente.
- Pivotes: venta al precio más alto del día.
- Momentum: venta después de comunicados de prensa o tendencias.

Si usted encuentra que el interés en las acciones está comenzando a disminuir, no debe dudar en venderlas. Debe prestar la misma atención a la salida de su negocio que la que presta para entrar en él. Recuerde, debe ser lo suficientemente específico como para saber cuándo ejecutarlo sin mucha deliberación.

Gráficos

Otra forma de determinar cuándo entrar en el mercado es leyendo los patrones de los gráficos. Los patrones de velas pueden ocupar un libro entero por sí solos. Proporcionan una gran variedad de formas de buscar un punto de entrada. Sin embargo, uno de los más comunes es el patrón de inversión doji.

1. Encuentre un pico de volumen, que muestre si los operadores están apoyando este nivel de precios.
2. Encuentre el soporte para ese precio. Puede ser el mínimo o el máximo del día anterior.
3. Encuentra la situación de nivel 2, que muestra todos los pedidos pendientes para esa acción.

Siguiendo estos pasos básicos, usted debería ser capaz de anticipar cuándo un precio se volverá y ofrecerá posiciones más favorables.

Órdenes Stop-Loss

Las órdenes de Stop-loss están destinadas a gestionar sus pérdidas. El pedido puede colocarse en una posición baja o por encima de un máximo reciente para venderlo automáticamente cuando el precio llegue a ese punto. Usar esto te protegerá de perderlo todo si el negocio no sale como quieres.

El Comercio diario es, en el mejor de los casos, complicado. No es algo en lo que puedas entrar a ciegas y esperar ganar. Se necesita habilidad, perspicacia y disciplina. Con el tiempo, con suficiente práctica y determinación, hay una gran probabilidad de que usted tenga éxito.

Capítulo 6: Inversión inmobiliaria

El sector inmobiliario abre una gran cantidad de oportunidades que uno puede aportar a una gran fortuna con las herramientas adecuadas. A diferencia de la inversión en el mercado de valores, los principios detrás de los bienes raíces son bastante sencillos. Pero eso no significa que será fácil cuando intentes ponerlos en acción.

Hay tres formas de ganar dinero con bienes raíces.

- Aumentar el valor de la propiedad
- Alquileres
- Invertir en negocios que dependen de bienes raíces

De hecho, las tres opciones mencionadas anteriormente son las formas más comunes de generar un ingreso pasivo agradable de la propiedad que usted posee. Al aprender solo unas cuantas estrategias básicas para implementarlas, usted podría estar bien encaminado hacia la libertad financiera.

Aumentar el valor de su propiedad

No importa lo que haga con su propiedad, las influencias externas pueden tener un impacto negativo en su valor. Cada década más o menos, parece haber ocasiones en las que se espera que la tasa de inflación se extienda más allá de la tasa de deuda a largo plazo en ese momento. Cuando eso sucede, usted encontrará más personas dispuestas a extenderse pidiendo dinero prestado para financiar la compra de una propiedad importante. Luego se sientan y esperan a que la tasa de inflación vuelva a subir. Cuando lo hace, pueden pagar su hipoteca con un valor más bajo en dólares.

La clave es cronometrar el mercado a la perfección. Usted necesita saber cómo mirar un proyecto, analizar su precio y tiempo, y decidir si será capaz de crear un buen ingreso que será suficiente para soportar una valoración más alta de lo que es actualmente evidente.

Hacer dinero de la propiedad de alquiler

Si bien la propiedad de alquiler no siempre es tan pasiva como parece, cobrar el alquiler es tan simple que cualquiera puede hacerlo. Si usted es propietario de cualquier tipo de propiedad, puede simplemente alquilarla a cualquier persona que desee utilizarla. Ni siquiera importa qué tipo de propiedad sea; podría ser una casa, un apartamento o una tierra de cultivo. El dinero que obtienes de su uso puede ser muy lucrativo.

Como propietario de la propiedad, será su responsabilidad asegurarse de que la propiedad se mantenga en condiciones utilizables. Esto significa que usted tendrá que estar siempre alerta en las reparaciones, supervisión y manejo de los aspectos negativos de los inquilinos indeseables. Usted tendrá que estar asegurado contra robo u otros peligros y ser proactivo sobre las posibles preocupaciones que puedan surgir en relación con su propiedad.

La buena noticia, sin embargo, es que, si usted es un propietario inteligente, hay maneras de manejar todas esas cosas y aun así obtener una ganancia ordenada. Hay herramientas que se han diseñado que pueden hacer la gestión de la propiedad mucho más fácil de lo que ha sido en años. Una de ellas es una relación financiera especial, la tasa

Inversiones de libertad financiera

de capitalización. Para entender esta tasa y cómo funciona, considere esta situación.

Si usted es dueño de una propiedad que está ganando $100,00/año y su precio está fijado en $1,000,000, usted podría aplicar esta fórmula dividiendo las ganancias por el valor de la casa para obtener la tasa de capitalización.

$100,000 / $1,000,000 = 0.1 o 10%.

Usted podría ganar inmediatamente el 10% de su inversión si elige pagar en efectivo por la compra.

Usted puede pensar en esto de la misma manera que piensa en las acciones. El valor de cualquier propiedad inmobiliaria se basa en el valor actual neto del efectivo que genera para el propietario y el flujo de caja que genera en relación con el precio pagado por su compra. En esencia, los ingresos por alquiler pueden convertirse en una cobertura para protegerlo durante los colapsos económicos y financieros.

Por supuesto, no todos los bienes raíces son iguales; algunos serán más adecuados para generar ingresos de alquiler mientras que otros no lo son. Cuando usted hace una compra al precio correcto, pero también en el momento adecuado, y puede encontrar el inquilino adecuado para llenar el espacio, no tiene por qué temer un colapso de bienes raíces. Usted estará recolectando un flujo constante de cheques de alquiler que lo llevarán a través del proceso. Sin embargo, si no lo planeas todo bien, podrías encontrarte cobrando alquileres que están muy por debajo del mercado y estar atascado en ese desagüe hasta que el mercado se recupere.

Invertir en negocios que dependen de los bienes raíces

Hay muchos negocios que dependen en gran medida de los bienes raíces. Muchos de ellos, como los hoteles, ofrecen servicios especiales al público. Otros propietarios proporcionan espacio de oficina para los negocios, y están los que pueden tomar un campo vacío y proporcionar aparcamientos útiles para los que conducen a la zona. Lavaderos de autos, máquinas expendedoras, agricultura, y más, la lista es interminable.

El truco para entrar en este mercado tan lucrativo es aprender lo suficiente para empezar, pero no tanto como para sentirse abrumado. La mayoría de los nuevos inversionistas aprenden a través de un proceso de prueba y error. En este proceso, suelen cometer errores costosos que pueden llevarlos a arrepentirse. Sin embargo, un plan que le ayudará a evitar tales errores y a encaminarse hacia un ingreso pasivo puede ahorrarle un mundo de tiempo y frustración.

Empiece a invertir paso a paso

Los pasos que se enumeran a continuación le ayudarán a dar sus primeros pasos en el mercado de bienes raíces. Una vez que esté seguro de que puede llevarlos a cabo, utilícelos como una lista de verificación para asegurarse de que no se pierda nada crucial que pueda costarle más adelante.

Identifique dónde se encuentra financieramente

El sector inmobiliario es probablemente la forma más rápida de alcanzar la independencia financiera. Por lo general, es la meta que todo el mundo se esfuerza por alcanzar. Es una de las mejores maneras de generar suficientes ingresos para mantenerte financieramente. Pero para llegar a ese punto, usted tiene que estar en una buena posición financiera; necesita suficientes ahorros para empezar a rodar la bola.

Inversiones de libertad financiera

Si después de analizar su situación financiera, todavía no está allí, hay cosas que puede hacer para llegar más rápido.

Hay cinco etapas fundamentales de riqueza:

Etapa 1: Estado de Supervivencia - donde usted está ganando suficiente dinero para sobrevivir. Esta es la etapa en la que usted comienza a pagar sus deudas y obtener alivio de sus cargas financieras.

Etapa 2: Estado de estabilidad - sus finanzas no están empeorando y usted está logrando pagar sus cuentas, y lo poco que le queda puede empezar a ahorrar.

Etapa 3: Estado de ahorro - usted puede pagar todas sus cuentas y tener un poco de dinero sobrante para construir un pequeño nido de ahorros.

Etapa 4: Estado de crecimiento - En este punto, sus ahorros se están convirtiendo en una suma ordenada que usted puede considerar seriamente invertir. Sus ahorros ahora deberían estar generando suficiente interés para que valga la pena notarlo. Si está reinvirtiendo esas ganancias, está empezando a conseguir que su dinero trabaje para usted.

Etapa 5: Ingresos - ahora está en una posición en la que el dinero que ha reservado puede generar ingresos para usted.

Es importante que entienda su situación financiera. Algunas estrategias inmobiliarias que discutiremos más adelante serán más apropiadas para ciertas etapas que para otras.

Elija su estrategia de inversión

Si bien la inversión inmobiliaria es bastante simple, aún necesita un plan de negocios. No tiene que ser detallado, pero usted necesita tener una idea clara de lo que va a hacer. Elija una sola estrategia que le ayudará a pasar de la etapa con la que está comenzando al siguiente nivel. Asegúrese de incorporar algo de flexibilidad en su plan para que no se vea desbaratado por eventos inesperados. Aquí están algunas ideas para empezar.

- Arrendar una casa grande y subalquilar habitaciones a los inquilinos para cubrir sus gastos.
- Ofrezca encontrar buenas ofertas para otros inversionistas inmobiliarios por una tarifa
- Ayude a los compradores a encontrar propiedades para invertir, aprendiendo los entresijos de los bienes raíces en el proceso.
- Ayude a los propietarios a encontrar buenos inquilinos para sus espacios vacíos.
- Conviértase en un administrador/superintendente de edificios para otros inversionistas de bienes raíces

Estas estrategias funcionan bien para aquellos que se encuentran en el **estado de supervivencia o estabilidad**. Cualquiera de estas estrategias le permitirá generar ingresos adicionales sin tener que desembolsar una gran suma de dinero en el proceso. Al mismo tiempo, aprenderá todo sobre la industria sin tener que dedicar más tiempo a tomar clases o estudiar las últimas pólizas. Será como si me pagaran por aprender.

Comience a reducir sus gastos

Si se encuentra en la etapa de **ahorro**, puede hacer todas las cosas en las etapas anteriores, pero también puede agregar algunos pasos más al proceso. Por un lado, usted debe comenzar a reducir los gastos de su hogar.

- Use los ingresos adicionales para pagar su hipoteca para que pueda eliminar su pago mensual.

- Cambie tu casa mientras vives en ella. Cuando lo vende, usted crea ahorros libres de impuestos que puede usar para invertir en otras propiedades.

- Compre una casa que necesite reparaciones significativas, múdate mientras la arregla y luego réntala a un precio más alto más tarde.

- Conviértase en un mayorista de bienes raíces, que básicamente cobra una comisión por hacer coincidir el trato con el inversor adecuado. Esto funciona muy bien para aquellos que pueden estar interesados en voltear una casa en malas condiciones o que planean usarla para alguna otra compra rentable. Los propietarios de viviendas que están en peligro de ejecución hipotecaria son más propensos a ser favorables a tal acuerdo porque les permite salir de la situación sin tener que perderlo todo.

Si usted está en la etapa de **crecimiento**, está listo para hacer crecer su patrimonio neto en algo mucho más grande. Este es el escenario perfecto para saltar a los bienes raíces. Hay varias maneras de hacerlo:

- Invertir casas: esto le permite generar grandes sumas de efectivo para reinvertir en otras ganancias.

- Use sus ahorros para pagar todo el dinero en efectivo por la propiedad.

- Pida prestado de varias propiedades diferentes que ya posee y luego pague rápidamente una a la vez.

- Compre tres propiedades, pero venda o alquile dos. El dinero del alquiler puede pagar sus gastos de manutención el día 3.

- Haga un intercambio de propiedades. Bajo el intercambio de propiedades libre de impuestos del IRS, usted puede usar el Formulario 1031 para posponer el pago de impuestos sobre cualquier propiedad que usted venda si puede reemplazarla con una propiedad similar. Hace posible que usted empiece de a poco y luego haga crecer su portafolio sin tener que enfrentar el impacto negativo de pagar impuestos federales con cada propiedad que compre. El proceso se vería así:

    o Usted necesita suficiente dinero en efectivo para el pago inicial y los costos de cierre.

Inversiones de libertad financiera
- Comprar una propiedad de alquiler básica
- Alquilar la propiedad y ahorrar una parte del alquiler durante unos años
- Vender la propiedad
- Use el formulario 1031 para comprar otra propiedad más grande con un descuento
- Repetir

Use su cuenta de jubilación para comprar una propiedad en alquiler

Al utilizar sus cuentas de jubilación libres de impuestos para invertir en bienes raíces, usted puede obtener muchos más ingresos para invertir y evitar el pago de fuertes impuestos por su compra. Las cuentas autodirigidas como IRAs, ROTH IRAs, 401Ks le permiten invertir esos fondos en bienes raíces y diferir los impuestos sobre la renta que de otra manera habría pagado.

Maximice sus ingresos utilizando el capital existente en sus inversiones

Si ya está en la etapa de ingresos, puede maximizar los ingresos que está generando mediante la venta de propiedades de baja calidad y la compra de propiedades mejores. Usted podría refinanciar cualquiera de sus deudas existentes y cambiarlas por préstamos fijos de bajo interés y ahorrar aún más dinero.

Estas son solo algunas sugerencias para las estrategias de inversión en bienes raíces. Probablemente uno de ellos sea más atractivo para ti que otros. Tal vez usted tiene ideas propias que le gustaría considerar. El punto principal es que usted tiene que empezar con un plan viable y viable para tener éxito en bienes raíces.

Cómo seleccionar un mercado objetivo

Su próximo paso sería elegir un mercado objetivo. Cualquier mercado que elija tendrá un impacto directo en el tipo de efectivo que puede generar. La mayoría de las personas prefieren elegir un mercado que esté cerca de su hogar. Es más eficiente y menos estresante que invertir en propiedades que están fuera de su alcance físico.

Esto no significa que no pueda invertir en propiedades lejanas; definitivamente es posible, pero necesita sopesar los costos. Cualquiera que sea el mercado que elija, debe evaluar el potencial cuidadosamente.

También necesita hacer un buen análisis de mercado del área que le interesa. Estudiar la región en cuanto a oportunidades de empleo, precios de alquiler y crecimiento potencial de la población. Revise el área para lo siguiente:

- ¿Es conveniente el área?
- Peatonal
- Crimen
- Escuelas
- Transporte público
- Leyes locales
- Impuestos
- HOA
- Etc.

Con los criterios anteriores, usted puede determinar si será capaz de trabajar con su mercado objetivo o si necesita encontrar otro lugar. Comience su examen con el área metropolitana más grande y luego reduzca gradualmente la investigación a áreas más pequeñas para determinar la mejor ubicación.

1. *Identifique sus criterios para las inversiones inmobiliarias*

Determine lo que usted piensa que es una buena inversión. Escriba usted mismo un perfil de inversión que pueda mostrar a otros. Esto podría ser usado para generar posibles pistas de propiedades que usted quiera buscar. Esta lista podría incluir ubicaciones de propiedades, precios o un nicho específico.

Su perfil también debe tener una proyección de la cantidad de alquiler que puede cobrar por una propiedad. Puede que quieras empezar con una propiedad básica para mojarte los pies. Elige algo en lo que puedas vivir por el momento y luego crece a partir de ahí.

Usted puede encontrar la mejor tierra, la casa más perfecta, al precio ideal, pero si está en un lugar pobre, es posible que no pueda revenderla/alquilarla o, si lo hace, que no pueda obtener mucho beneficio de ella.

Cuando encuentre lo que está buscando, aunque todo parezca correcto, investigue un poco y revise los listados cercanos en el área. Usted obtendrá una imagen bastante buena de lo que las propiedades similares se están vendiendo para que pueda hacer proyecciones precisas acerca de sus beneficios potenciales.

Incluso si usted sabe que está comprando una reparación, es importante que inspeccione la propiedad. No dude en hacer preguntas. Usted necesita saber cuánto va a necesitar para poner en la propiedad y aun así poder obtener una ganancia.

Por último, asegúrese de que existe una buena posibilidad de obtener beneficios antes de tomar medidas. No olvide calcular la tasa de interés de la hipoteca, los servicios públicos, los impuestos, el seguro, las reparaciones y el mantenimiento. Todo esto influirá en el éxito de su primera inversión.

No importa lo que hagas, si el trato no te parece correcto, no tengas miedo de irte. Aguantar las mejores ofertas va a ser uno de sus mejores secretos para el éxito.

2. *Ponga en marcha su sistema de apoyo*

Los bienes raíces se disfrutan mejor con otros. Si bien usted puede ser el único inversionista en un proyecto, aún necesitará un equipo de expertos a quien recurrir. Los contratistas, diseñadores, agentes inmobiliarios y asesores podrían ser solo el comienzo de su lista. Un buen equipo podría estar listo para tomar el relevo cuando ingresa a un área donde le falta conocimiento y experiencia.

3. *Configure sus opciones de financiamiento*

Dependiendo de su calificación crediticia y su situación financiera, sus opciones pueden variar. Aquí hay algunos recursos que puede aprovechar.

- Administración Federal de Vivienda
- Administración de Veteranos
- Préstamos de conformidad (Fannie Mae/Freddie Mac)
- Préstamos bancarios
- Préstamos de una gran cantidad de dinero
- Prestamistas privados
- Financiación del vendedor

Puede ser difícil elegir el prestamista adecuado, pero aquí es donde usted puede recurrir a los consejos de su equipo.

4. *Prepare su pago inicial y los costos de cierre*

Inversiones de libertad financiera

Mientras que usted puede lanzar su nuevo negocio con el dinero de otras personas, usted necesita tener algo de dinero propio para invertir. En la mayoría de los casos, se requiere un pago inicial para que la pelota empiece a rodar. Algunos pagos iniciales pueden ser tan pequeños como el 3% del precio de compra. Los costos de cierre también pueden variar. Incluso en las mejores ofertas, usted puede necesitar hasta $20,000 de su propio dinero en efectivo.

5. *Comience a buscar ofertas*

Encontrar la propiedad correcta requiere mucho trabajo. Los buenos negocios no solo encontrarán misteriosamente su camino hacia usted, usted va a tener que empezar a mirar debajo de cada roca y a mirar en cada rincón y grieta antes de encontrar la propiedad que usted sabe que es la correcta.

Su presupuesto de marketing puede ser lanzado con prácticamente nada, pero si usted tiene algo de dinero para invertirlo, el proceso se vuelve mucho más fácil. Aquí están algunas ideas que han demostrado ser eficaces campañas de marketing.

- *Campaña gratuita:* Encuentre un agente que esté de acuerdo en enviarle clientes potenciales basándose en su lista de expectativas.

- *Referencias y redes:* Por un poco de dinero extra, puede hacer que le impriman tarjetas de visita o volantes con sus necesidades para que la gente pueda ponerse en contacto con usted cuando encuentre algo.

- *Conduzca o camine*: Acostúmbrese a visitar su vecindario objetivo en busca de posibles ofertas. Los letreros de Venta por Dueño pueden ser muy prometedores, pero también puede buscar casas que han estado vacías por mucho tiempo, que parecen necesitar reparación, o incluso que tienen letreros de alquiler publicados.

- *Mayoristas:* Deje que los mayoristas de bienes raíces encuentren las ofertas por usted. Contacte con algunos de ellos y obtenga su lista de posibles propiedades.

Si tiene un poco de dinero extra para gastar:

- **Inicie una campaña de correo directo:** Cree sus propias cartas o postales para enviar a los propietarios en su mercado objetivo. Usted puede encontrar los nombres y direcciones pagando a una compañía de la lista. Algunas de estas listas pueden ser muy lucrativas:

  - Propiedades de propietarios ausentes
  - Propietarios de unidades múltiples
  - Viviendas ocupadas por sus propietarios
  - Desalojos recientes
  - Impuestos morosos sobre la propiedad
  - Listados de bienes raíces vencidos
  - Propiedades de pre-ejecución hipotecaria y ejecución hipotecaria
  - Venta de bienes y sucesiones

- **Utilice su presencia en línea:** Utilice los medios sociales. Configure una página dedicada a sus planes de marketing inmobiliario en sitios como Facebook, LinkedIn, Twitter, etc. Crea una tarjeta de visita en línea para que la gente sepa lo que estás buscando.

- **Señalización de carros y patios:** Invierta en letreros magnéticos o de vinilo para su automóvil o jardín.

- **Publicidad:** La publicidad en línea o impresa puede llegar a áreas que son difíciles de alcanzar por su cuenta. Utilice recursos como Google Adwords y no descuide el marketing en periódicos, revistas y radio locales. Estos esfuerzos son un poco costosos, pero con la estrategia correcta, pueden obtener buenos resultados rápidamente.

6. Haga un horario

Necesitará reservar tiempo para dedicarse a su compañía inmobiliaria. Sea realista con el tiempo que tiene para pasar. Establezca sus prioridades primero y luego comprométase con el horario que ha establecido.

10 características importantes de los bienes raíces rentables

Para garantizar que la propiedad que elija sea rentable, debe tener ciertas características. Incluso si se trata de un pccio y parece estar listo para la demolición, todavía hay ciertas cosas de las que debe estar seguro antes de que su inversión valga la pena. Aquí están las 10 características más importantes que cualquier propiedad debe tener.

Un buen vecindario

Una mirada al vecindario puede decirle mucho sobre el tipo de inquilinos que usted atraerá. Una ubicación cerca de una universidad atraerá a muchos estudiantes. Un lugar fuera del área urbana puede atraer a más familias con niños.

Impuestos sobre la propiedad

Todas las propiedades tienen impuestos que deben ser pagados. Usted necesita saber cuánto son y si los propietarios deben algún impuesto atrasado. Usted puede averiguar todo lo que necesita saber sobre los impuestos con una visita a la oficina de evaluación del condado o de la ciudad.

Sistema Escolar

Si va a alquilar a familias, necesitará saber algo sobre las escuelas en la comunidad. Pocas familias están dispuestas a comprar o alquilar una casa en una comunidad con escuelas deficientes.

Crimen

Consulte con el departamento de policía local o visite la biblioteca local para ver las últimas estadísticas de delitos en el vecindario. Preste especial atención a las cifras relacionadas con delitos menores, vandalismo y delincuentes graves.

Oportunidades de trabajo

Su mejor apuesta es encontrar propiedades en comunidades que están expandiendo su mercado laboral. Es más probable que atraigan a compradores e inquilinos a la zona. Averigüe sobre las disponibilidades de trabajo con la Oficina de Estadísticas Laborales de los Estados Unidos. Puede ser una gran ventaja si las grandes corporaciones se mudan a la zona. Este tipo de noticias a menudo resulta en el aumento del valor de las propiedades, ya que se necesitará más gente para ocupar esos nuevos puestos de trabajo.

Servicios del vecindario

¿Qué tiene que ofrecer el vecindario? Para los niños, debe haber parques, patios de recreo, cines, etc. Para los adultos, debe haber gimnasios, transporte público, restaurantes y otros lugares de entretenimiento.

Perspectivas para el futuro

El departamento de urbanismo debe tener información sobre las novedades que se propongan para la zona. Mucha construcción es una buena señal de que el futuro es prometedor. Sin embargo, esté atento a la forma en que esos desarrollos impactarían el valor de las propiedades.

Vacantes

Cuando hay muchas casas en alquiler o un número excesivo de propiedades en venta, podría ser una señal de que el área está en declive. A menudo, cuando los vecindarios están en declive, los propietarios se ven obligados a reducir los alquileres para mantener sus unidades ocupadas. Por otro lado, cuando solo hay unas pocas vacantes en la zona, se puede solicitar cómodamente más alquiler.

Renta promedio

Si usted está planeando alquilar, entonces usted necesita saber cuánto puede esperar obtener por una propiedad en el área. Usted quiere asegurarse de que el alquiler sea suficiente para cubrir los pagos de la hipoteca, los impuestos sobre la propiedad, el mantenimiento y otras formas de mantenimiento. Proyecte estos números en el futuro porque lo que puede ser asequible hoy, podría ser marcado fuera de su alcance en cinco años, lo que puede obligarlo a vender en un mercado desfavorable o a declararse en bancarrota más tarde.

Exposición a Desastres Naturales

No es algo en lo que la mayoría de la gente quiera pensar, pero la exposición a los desastres naturales puede tener un impacto negativo en sus ganancias potenciales. Ya sea que su casa esté en una zona de inundación, en una región de huracanes o en un área propensa a terremotos, le va a costar ya sea en reclamos de seguro o en reparaciones directas.

El mejor lugar para obtener información confiable es a través de las agencias gubernamentales, pero no se detenga ahí. La gente de la comunidad por lo general sabe todo lo que está pasando en el vecindario. Hable con los inquilinos y los propietarios por igual. Es más probable que los inquilinos le den una mejor imagen, ya que no tienen nada que perder. Ellos le dirán sobre cualquier cosa negativa que usted no haya pensado, pero los dueños de propiedades tendrán una perspectiva completamente diferente. Si tiene en cuenta estas características y sus expectativas son realistas, sabrá cuándo ha encontrado la propiedad adecuada.

Inversiones de libertad financiera
Las 15 mejores estrategias de inversión inmobiliaria

Las estrategias que se enumeran a continuación tienen la intención de darle una idea de las diversas maneras en que usted puede generar sus propios ingresos.

- **Casas sin arreglar:** Encontrar propiedades que necesitan ser mejoradas, mejoradas o renovadas y luego revenderlas con fines de lucro.

- **Venta al por mayor:** Encontrar buenas ofertas en propiedades y luego revenderlas a un tercero por un cargo adicional.

- **Casas para alquilar:** Compre una propiedad de varias unidades y alquile las unidades adicionales. Por ejemplo, comprar una casa y alquilar el sótano, o comprar un dúplex y alquilar la unidad extra.

- **Inversión CRRRRRR:** Comprar-Remodelar-Renovar-Refinar-Repetir. Compre un reparador por debajo del valor de mercado, financie la propiedad y luego renueve. Refinancie con una hipoteca a largo plazo y luego saque su capital inicial para una nueva inversión.

- **La estrategia de alquiler de dinero en efectivo:** Compra de propiedades en efectivo. Cuando haya completado las renovaciones y lo haya alquilado, se quedará con la mayor parte del dinero recaudado y podrá invertir rápidamente en otra propiedad.

- **El plan de intercambio:** Usando el IRS 1031 libre de impuestos para comerciar progresivamente con propiedades más grandes y mejores.

- **Préstamos de una gran cantidad de dinero:** Otorgar préstamos a corto plazo a inversionistas que planean arreglar y voltear propiedades. Los préstamos como estos se dan generalmente con altas tasas de interés y cargos por adelantado, así que usted ganará una buena cantidad de dinero en efectivo en poco tiempo.

- **Inversión de Pagarés con Descuento:** Comprar deuda inmobiliaria con descuento.

- **Sindicaciones y Crowdfunding:** Poner en común su dinero con los inversionistas individuales para comprar la propiedad perfecta.

- **REIT:** Invertir en compañías que gestionan bienes inmuebles. REIT significa fideicomisos de inversión inmobiliaria. Usted puede comprar REITs en el mercado de valores, lo que le permite poseer una pequeña parte de los negocios de bienes raíces comerciales y ganar dividendos sobre las ganancias en el ínterin.

Los bienes raíces pueden ser un negocio bastante lucrativo, pero hay que ser inteligente al respecto. Hay muchas maneras de lograr la libertad financiera a través de los bienes raíces, y cada uno tiene sus propias ventajas y desventajas. Puede elegir una estrategia que funcione mejor para usted o hacer varias a la vez. Si uno no funciona bien para ti, entonces prueba otro hasta que encuentre su pareja perfecta.

Inversiones de libertad financiera

Capítulo 7: Otras maneras de aumentar la riqueza

El camino hacia la libertad financiera puede llevarlo en muchas direcciones. La inversión en el mercado de valores y en bienes raíces son los puntos de entrada más conocidos para los nuevos inversionistas. Ofrecen la cantidad más baja de riesgo en el mundo de la inversión y le dan una mejor oportunidad de éxito en el mercado global.

Dicho esto, una vez que se haya mojado los pies y haya adquirido el gusto por el dinero pasivo, es posible que desee comenzar a invertir en otros instrumentos que podrían resultar aún más lucrativos para el inversor privado.

Cómo comenzar a invertir en fondos cotizados en bolsa (ETF)

Probablemente haya oído mencionar el término ETF en los informes financieros de las noticias y puede que no esté seguro de lo que realmente es. Usted sabe que tiene algo que ver con el mercado de valores, pero no está exactamente seguro de lo que hacen.

Los ETF o Fondos cotizados en bolsa son grupos de varias inversiones que se han reunido para formar una sola unidad. Estos fondos se pueden comprar en una bolsa al igual que las acciones con movimientos de precios similares.

Dentro de un ETF, usted encontrará muchos activos diferentes en lugar de una acción que solo será representativa de un solo activo. Debido a que una acción de un ETF cubre tantos activos, es una de las formas más fáciles de diversificar su cartera. Un ETF podría tener miles de acciones diferentes repartidas en varios sectores diferentes.

Dependiendo de las industrias en las que esté interesado, puede comprar diferentes tipos de ETFs

- Los ETF de bonos consisten en bonos gubernamentales, corporativos, estatales y municipales.
- Los ETF de la industria pueden ser compilados a partir de acciones de una industria específica como la banca, la agricultura o la tecnología.
- Los ETF de materias primas serían una colección de diferentes materias primas como el oro o el petróleo.
- Los ETF de divisas incluyen una selección de monedas extranjeras
- Los ETF inversos utilizan la estrategia de cortocircuitar varias acciones. La venta en corto es la estrategia de vender a un precio más alto y luego volver a comprarlos después de que el precio descienda.

El único en la lista, los ETF inversos, técnicamente no son fondos negociados en bolsa, sino que en realidad son notas negociadas en bolsa o ETN. Son bonos que se negocian en el mercado como una acción y que son depositados por un banco.

Compra y venta de ETF

Usted puede comprar ETF a través de un corredor. Usted tiene la opción de usar un broker-dealer tradicional o un broker en línea. También puede utilizar un robo-asesor, un sistema de inversión automatizado que utiliza ciertos algoritmos para ayudarle a crear su cartera.

Ventajas de los ETF

Como inversor, puede comprar o vender una amplia gama de estos valores con una sola transacción. Esto también le ahorra comisiones. Incluso puede encontrar algunos corredores que ofrecen operaciones sin comisiones en ETF, reduciendo aún más sus costes.

Además de ahorrar en comisiones, hay otras formas en que los ETF pueden ahorrarle dinero. Su funcionamiento y gestión son muy económicos. Debido a que están rastreando un índice, se maneja de manera más pasiva y requiere mucho menos tiempo para gobernar, y dado que están ampliamente diversificados, su nivel de riesgo es mucho menor.

Desventajas de los ETF

Hay algunos ETF que tienen comisiones más altas. Estos son los que generalmente se centran en una sola industria, por lo que su diversificación es extremadamente limitada. También hay algunos ETF que son gestionados activamente por gestores de carteras que se encargan de todas las operaciones de compra y venta. Éstos vienen con comisiones más altas para pagar las comisiones del gestor por la supervisión de los movimientos del fondo.

ETF sobre acciones indexadas

Estos fondos ofrecen a los inversionistas la opción de vender en corto, comprar con margen y adquirir tan solo una acción. Si decide invertir en ETF sobre acciones indexadas, esté atento a aquellos que puedan estar fuertemente concentrados en una sola industria o en un número limitado de acciones.

Dividendos: La mayoría de los ETF pagan dividendos en proporción a su inversión. Como resultado, puede esperar recibir pagos periódicos por las ganancias de los diferentes valores durante el tiempo que tenga el fondo. Si por alguna razón, el fondo se liquida, recibirá su parte de su valor residual.

Impuestos

También podrá ahorrar, ya que estos instrumentos son más eficientes desde el punto de vista fiscal que los fondos mutuos. Debido a que todas las operaciones se realizan a través de una bolsa de valores, no hay necesidad de redimir físicamente las acciones cada vez que se completa una transacción. Dado que el rescate de acciones puede desencadenar responsabilidades fiscales, la realización de todas las transacciones en el mercado de valores evita que se vea afectado por los impuestos cada vez que se produce una transacción.

Impacto en el mercado

Debido a la creciente popularidad de los ETF, se están creando más fondos. Esto puede no ser una buena noticia para algunos inversionistas, ya que significa menores volúmenes de negociación para muchos de ellos. A medida que más fondos entran en el mercado, puede ser más difícil comprar y vender a volúmenes tan bajos, lo que podría dejarlo atrapado en un instrumento sin salida.

Si decide invertir en ETF, asegúrese de seleccionar uno que pueda ayudarle a alcanzar sus objetivos. Usted debe sentirse seguro de que el fondo que elija le dará el tipo de exposición que necesita para aumentar sus ganancias. Asegúrese de que está tomando su decisión basándose en lo que funciona para usted y no en lo que otros esperan.

Comience a ganar dinero ahora con los préstamos de igual a igual

Otra forma de aumentar su riqueza y obtener libertad financiera es con préstamos de igual a igual. En el pasado, la única manera de obtener un préstamo para una compra importante era a través de una institución financiera. Ahora, usted puede convertirse en su propia institución de préstamos y cobrar intereses sobre el dinero que presta a otros. La mayoría de los préstamos entre iguales se utilizan por razones personales, como la consolidación de deudas o las mejoras de la vivienda.

Cómo funciona

Hacer un préstamo con préstamos de igual a igual es muy diferente de cómo se hacen con las instituciones financieras. Con un préstamo tradicional, el banco financiará el préstamo con fondos depositados de otros clientes. Por el contrario, los préstamos de par a par implican el emparejamiento de prestatarios e inversionistas a través de una plataforma de préstamos en línea. Como inversionista, usted decide qué préstamos quiere emitir y es libre de rechazar aquellos que no le interesan.

Hay varias plataformas de préstamos con las que puede trabajar. Algunos tienen restricciones sobre el tipo de personas que permiten hacer préstamos, pero hay algunos como LendingClub.com y Prosper.com que están abiertos a cualquier persona que quiera participar, siempre y cuando cumplan con los requisitos mínimos de depósito.

Los ingresos son generados por el cobro de intereses y cargos a los prestatarios. Algunos cargos, incluyendo cargos por originación, cargos por pago atrasado y otros, pueden llegar a ser de hasta el 6% del préstamo. Las tarifas y los intereses varían dependiendo de la plataforma que utilice, pero esté preparado para ver cómo se evapora parte de ese dinero cuando se reciben los pagos. La plataforma de préstamos le descontará un porcentaje de cada pago que haga por sí mismo antes de enviarle el saldo.

¿Por qué préstamos de igual a igual?

Para el inversionista, usted recibirá un mayor rendimiento de su dinero que si lo dejara en una cuenta de ahorros. Es una alternativa fácil de invertir que las acciones y los bonos. No se necesitan muchos conocimientos para empezar. Usted es literalmente libre de diversificar su cartera en cualquier dirección que desee. Y luego está la ventaja psicológica de saber que estás haciendo algo para contribuir al avance de la sociedad de muchas maneras diferentes.

Desventajas

A diferencia de las instituciones financieras, su dinero no está protegido por la FDIC. Por lo tanto, si un prestatario incumple con un préstamo, las posibilidades de recuperar su inversión son escasas o nulas. Además, no podrá cobrar su inversión si necesita que le devuelvan el dinero antes de que venza el préstamo. El plazo promedio de un préstamo oscila entre tres y cinco años, lo que le deja sin acceso a sus fondos durante al menos ese tiempo.

Debido a que se trata de un instrumento de inversión tan nuevo, no hay antecedentes ni historia a los que referirse. Cada día se establecen nuevas tendencias, por lo que no hay forma de saber si la industria seguirá siendo estable o no.

Es posible lograr grandes retornos (a veces de dos dígitos) con este tipo de préstamos, pero no permita que esas cifras lo distraigan de la realidad. Es una herramienta de inversión arriesgada, y siempre debe proceder con cautela.

Las 10 mejores estrategias para operar con criptomonedas

Lo más probable es que haya estado viviendo bajo una roca si aún no ha oído hablar de las criptomonedas. Esta nueva herramienta de inversión es considerada por muchos como el medio más prometedor para obtener cantidades masivas de dinero de manera extremadamente rápida. Hoy en día, hay probablemente cerca de 2.000 altcoins para elegir, y el número sigue creciendo.

Bitcoin, la primera y con mucho la más rentable de las criptomonedas, se ha introducido en la conciencia del mundo con una enorme subida de precios que pasó de un valor de centavos cuando se publicó por primera vez a su punto más alto de casi 20.000 dólares en diciembre de 2017. Pero con tantas opciones para elegir, un nuevo inversionista podría fácilmente sentirse abrumado.

Si bien las criptomonedas son probablemente las herramientas de inversión más riesgosas, no tiene por qué ser tan complicado. Si usted es lo suficientemente valiente como para arriesgarse a los movimientos de precios altamente volátiles y cree que su corazón puede aguantar las ondulaciones de las olas, aquí hay siete estrategias que pueden ayudarle a entrar en este mercado potencialmente lucrativo.

OCI

Las OIC u Ofertas Públicas Iniciales pueden ser muy impredecibles porque, al igual que las OPI del mercado de valores, se trata de monedas nuevas que apenas están empezando. Cuando usted compra un ICO, está literalmente entrando al principio de una nueva moneda. Esto significa que usted va a conseguir la moneda a un precio mucho más bajo de lo que será cuando sea lanzada al público. Esto lo pone automáticamente en línea para obtener mayores ganancias, a veces hasta un 2500% de su inversión inicial. Sin embargo, debido a que es

Inversiones de libertad financiera

una moneda completamente nueva, también existe un alto riesgo de que fracase y se lleve todo su dinero con ella. Debido a que no hay protección de seguro para los inversionistas de cryptocurrency, usted necesita hacer una gran cantidad de investigación para asegurarse de que el equipo detrás de la moneda tiene la experiencia suficiente para traer a su nuevo bebé a la vida.

- Comience revisando la lista de nuevas OCI en https://icoranker.com/ y revise las que le interesen.

- Busque el propósito de la moneda para determinar su oferta y demanda. Las monedas que están diseñadas para una población limitada pueden no funcionar bien, pero las monedas que tienen el potencial de ser útiles para una población grande pueden funcionar mucho mejor.

- Una vez que haya reducido su lista a varias opciones viables, estudie a los miembros del equipo. Quieres conocer su historia, sus antecedentes, su experiencia, y si pueden trabajar juntos para satisfacer las demandas de la misión.

- Trate de investigar un poco más para averiguar qué tipo de personas ya están invirtiendo en la moneda. Si tienen una buena comunidad de inversionistas que son optimistas acerca de sus perspectivas de futuro, entonces usted sabe que apoyarán la moneda y se quedarán con ella durante los tiempos de vacas flacas. Puede encontrar esta información visitando los distintos foros creados para cada moneda.

- ¿Cuál es el marco legal entre el equipo de desarrollo y otros colaboradores? Esta información se encuentra en el Libro Blanco de la moneda. Los términos y condiciones de la moneda deben presentarse en un formato claro y fácil de entender.

- Visite el sitio web y configure una cartera en custodia. Se le entregará una clave privada que podrá utilizar para vender sus ICO más adelante.

Si decide invertir en ICO, no se limite a uno solo. Es fácil para ellos fracasar, así que invierta en varios para aumentar sus posibilidades de éxito.

La mejor estrategia para las OCI es la estrategia de compra y retención. El precio fluctuará mucho, así que no entres en pánico. Guarde sus monedas hasta que vea por lo menos un 50% de retorno de su inversión antes de venderlas.

Acumulación de precios bajos

Después de que una moneda pasa la etapa de ICO, se une a los grandes en el mercado global. Al igual que con las acciones, usted quiere comprar las monedas cuando el precio es bajo y esperar a que suba en el precio. La mayoría de la gente entrará en pánico cuando el precio tome una caída significativa, pero los inversionistas experimentados en criptomonedas entienden que la volatilidad extrema es una característica de este tipo de inversión.

Innovaciones

Al aprovechar las innovaciones, puede reducir sus riesgos, pero debe reconocer cuándo estas innovaciones indican el inicio de una nueva tendencia. La clave de esta estrategia es encontrar el mejor momento para entrar en el mercado identificando las áreas de resistencia o apoyo que podrían romperse en las condiciones adecuadas. En estos escenarios, la moneda puede romper la resistencia hacia arriba o puede romper el soporte y empujar hacia abajo.

Promedio de costos en dólares

El promedio de costo en dólares le permite invertir una cantidad preestablecida de fondos en forma regular en cada moneda que desee comprar. Como resultado, en lugar de encontrar el precio más bajo o el más alto ya no es importante. En esencia, usted está promediando el costo total de sus monedas con cada pago. Si se realiza durante un período de meses, los precios generalmente son mucho más favorables que si realizara un solo pago grande.

Equilibrio

Un elemento clave en cualquier tipo de inversión es la diversificación. Para diversificar con éxito, necesita equilibrar su cartera. Esto significa invertir en varias criptomonedas diferentes al mismo tiempo. Cuando una moneda entra en una caída, todavía puedes estar ganando ganancias con otras monedas.

Desequilibrio

Con una estrategia desequilibrada, los inversionistas asignan un porcentaje fijo de sus fondos a las monedas en función de sus instintos acerca de lo bien que esperan que funcionen en el futuro. Las monedas que se espera que tengan un buen rendimiento reciben los porcentajes más altos, mientras que las que no se espera que tengan un buen rendimiento recibirán un porcentaje más bajo.

Ganancias obtenidas reinvertidas en otras monedas

Una vez que haya ganado un poco de dinero con algunas criptomonedas, puede empezar a diversificar aún más su cartera desviando algunas de sus ganancias e invirtiéndolas en nuevas monedas. Al retirar el 50% de sus ganancias de una moneda e invertirlo en monedas más exitosas, puede agravar su éxito.

7 aplicaciones imprescindibles para los inversionistas de hoy en día

Empezar a invertir en cualquier tipo de inversión puede ser complicado, incluso más para el nuevo inversor. Una manera de hacer las cosas más fáciles es contar con un poco de ayuda mientras navega por todos los peligros potenciales que enfrentará a medida que aprende.

En el pasado, este tipo de ayuda solo estaba disponible para los privilegiados. Ahora, cualquiera puede tener la información disponible para capitalizar su crecimiento. Con las aplicaciones adecuadas para guiarle, cualquiera puede tomar decisiones como un trader profesional. A continuación, se presentan siete de las aplicaciones más efectivas que todos los inversionistas deben tener a su disposición.

Stash

La aplicación Stash mobile es la aplicación de referencia para los inversionistas que buscan acceder a las mejores herramientas para el mercado financiero. Le permite comprar ETF y acciones de bajo coste directamente desde su dispositivo móvil.

El costo es de solo $1/mes, pero por ese bajo precio, usted obtiene su propia cuenta de inversión y se le permite hacer operaciones ilimitadas, educación gratuita y la capacidad de hacer compras fraccionadas de acciones más caras con pagos tan bajos como $5.

Vault

La aplicación Vault se centra en los inversionistas de más edad que están listos para jubilarse. Les permite abrir una cuenta de jubilación individual (IRA), una Roth IRA o una SEP IRA para aquellos que trabajan por cuenta propia. Los inversionistas pueden dirigir automáticamente una parte preestablecida de sus ingresos hacia el plan que elijan. Por lo tanto, incluso si usted no tiene un plan de jubilación con su compañía, puede comenzar a invertir por una baja cuota mensual de $1.

Personal Capital

Esta aplicación le ofrece actualizaciones periódicas y realiza un seguimiento de todas las inversiones de su cartera. Le ofrece una evaluación periódica del rendimiento de sus inversiones y sugerencias sobre la gestión de riesgos. Incluso es posible comprobar rápidamente para qué acciones está haciendo lo mejor en su cartera y cuáles necesita para hacer ajustes. Personal Capital también le ofrece una comparación de cómo el rendimiento de su cartera se compara con los principales índices del mercado.

Stockpile

Stockpile le permiten invertir en el mercado de valores en incrementos más pequeños. Usted puede comprar acciones fraccionarias de cientos de acciones diferentes por tan solo $5. Hay una pequeña comisión de $0.99/operación, la cual es nominal en comparación con otros servicios que pueden cobrar hasta $10.00.

Los padres u otros adultos pueden comenzar a sus hijos con una tarjeta de regalo por tan solo $20. La pequeña cantidad vale la pena a largo plazo, ya que hace que los jóvenes empiecen con el pie derecho a aprender a administrar el dinero desde el principio.

Wealthfront

Esta aplicación hace que sea fácil ahorrar dinero para la educación universitaria. Los usuarios obtienen una visión detallada de su situación financiera y pueden hacer inversiones diseñadas para ayudarles a apreciar su capital. Puede comenzar de a poco y construir a medida que avanza. Se le brindará asesoramiento en función de la cantidad de riesgo que desea tomar y sus objetivos financieros.

E-Trade

E-Trade puede parecer un poco más caro que algunas de las otras aplicaciones, pero con razón. La aplicación está diseñada para que la investigación y el comercio de acciones sea lo más fácil posible. Puede operar con acciones, ETF y fondos mutuos y obtener todos los datos necesarios en tiempo real. Incluso puede obtener ayuda de uno de sus especialistas en inversiones reales para construir su cartera de la mejor manera posible.

Robinhood

La aplicación Robinhood abre las puertas a nuevos inversionistas permitiéndoles realizar pequeñas operaciones, todas ellas sin comisiones. Esta es la aplicación perfecta si todavía estás un poco indeciso a la hora de invertir. Usted puede comprar acciones, opciones, ETF y criptomonedas sin comisiones. Su nueva característica, Robinhood Gold, le permite operar fuera de horario y le da una línea de crédito para que pueda hacer compras más grandes si califica. No hay mucho en términos de comercio, investigación o apoyo personal, pero la plataforma es lo suficientemente sencilla de usar y que puede vencer a un servicio sin cargo.

El mundo de las inversiones financieras está cambiando. Vivimos en una era digital en rápida evolución, y con más aplicaciones de este tipo disponibles, ahora es más fácil que nunca para los nuevos inversionistas subir al escenario y comerciar como un profesional.

Conclusión

Sin duda, usted ha descubierto mucha información aquí que despertará sueños e ideas para el cambio. Juntos, hemos aprendido a romper esas cadenas financieras para que usted pueda literalmente encontrar su oportunidad de ser libre.

Piensa en ello. No importa por dónde empiece, solo importa por dónde termine. Incluso si usted está tan endeudado que no puede ver la salida, es posible navegar por ese laberinto y encontrar su camino hacia la libertad.

Todo comienza con un cambio de opinión. Cuando puede romper esas cadenas mentales que pueden mantenerlo en una "zona de seguridad", entonces es libre de explorar oportunidades rentables a la vuelta de cada esquina. Las acciones, positivas o negativas, son el resultado de cómo vemos nuestro mundo. Si quiere cambiar sus circunstancias, empiece por cambiar de opinión.

Después de identificar el modo de pensar correcto, aprendimos cómo cambiar sus circunstancias actuales para que pueda tener una mejor base financiera. Descubrimos que presupuestar puede ser emocionante y agradable. En lugar de ser solo una obligación, se convierte en una herramienta para obtener el control sobre su dinero.

A partir de ahí, pasamos a cómo administrar mejor su crédito. Después de todo, si usted va a estar creciendo en riqueza, el buen crédito será una parte esencial de ello. Esta es la receta mágica que podría cambiar tu vida y guiarte en la dirección correcta.

Pero, también discutimos cómo ser financieramente libre significaba más que simplemente salir de la deuda. Podemos optar por seguir trabajando por nuestro dinero o podemos encontrar maneras de conseguir que nuestro dinero trabaje para nosotros. Saber cómo invertir en acciones, bonos, bienes raíces u otras oportunidades lucrativas puede llevarnos a tomar riesgos que nunca habíamos pensado.

Imagina cómo su vida puede cambiar si no tuvieras que trabajar por cada centavo que ganó. En cambio, el dinero entra en tu vida sin esfuerzo. ¿Qué tan increíble sería eso? Su salud mejoraría, su estado mental mejoraría, su ansiedad sería reemplazada por alegría y excitación. Usted sería libre de pasar tiempo con su familia, tomar vacaciones juntos, o finalmente convertir sus sueños en realidad.

Ya sea que decida invertir en el mercado de valores o en criptomonedas, ya sea que quiera probar con bonos o bienes raíces, ahora tiene las claves para hacer lo que siempre ha querido hacer. Se necesita disciplina y coraje, pero ganar esa libertad puede ser una de las cosas más liberadoras de su vida.

Ahora tiene un mapa para llegar a su meta final de libertad financiera. Utilice este libro como guía y consúltelo a menudo, pero no se limite a ello. No importa cuán emocionantes e interesantes sean los consejos que encuentres en estas páginas, solo hay una manera de que funcionen para beneficiarte, y es ponerlos en práctica.

Algunas personas pueden sentirse abrumadas con esta cantidad de información y tratar de posponer el primer paso hasta que entiendan mejor. Eso podría retrasar sus posibilidades de éxito indefinidamente. No es necesario conocer todos los detalles sobre el mercado de valores para comenzar a invertir. No necesita conocer todos los detalles sobre el mercado de valores para comenzar a invertir. No necesita tener todos los puntos finos para comprar bienes raíces. Todo lo que necesita es el corazón y el deseo de hacerlo realidad.

Así que, adelante... No importa si empieza de a pocos, siempre y cuando de ese primer paso. Tienes las llaves de su propia libertad financiera aquí. Regrese a estas páginas, cree su plan y póngase en marcha. Ya está a mitad de camino; todo lo que le queda por hacer es ir a por ello. ¡No hay tiempo como el presente para cambiar su vida!

www.ingramcontent.com/pod-product-compliance
Lightning Source LLC
Chambersburg PA
CBHW031101080526
44587CB00011B/767